**Native Speaker Series**

# ネイティブスピーカーの単語力

### 3 形容詞の感覚

ポール・マクベイ/大西泰斗

Adjectives -
you can just 'sense' them!

研究社

# はじめに

みなさんこんにちは。ようやくネイティブスピーカー・シリーズ最新刊をお届けできることになりました。お待ちどおさま。単語力第3弾は「形容詞」です。

「日本語はむずかしい」。筆の達者な文章家ほど、こんな感想を漏らします。ことばは厄介なものです。上級者になればなるほど1つ1つの表現の手触りが気になってくるのです。

英語も同じです。片言の英文を組み立てている間は、「あ。なんとか伝わった」と喜んでいる間は、むしろ英語は簡単に思えることでしょう。ですがその上の段階には大きな壁が待ちかまえています。「できるだけ自分の気持ちを正確に語りたい」「相手の気持ちを動かしたい」そう願う段階になると、途端に英語は簡単ではなくなるのです。

そしてその段階に至った学習者の参考になる本はほとんどありません。この「単語力シリーズ」を除いては。

本書は、英単語の中でももっとも感覚の彩り豊かな、形容詞がターゲットです。1つ1つの表現がもつ手触りを確かめながら進んでください。その手触りがみなさんの英語を一歩一歩磨き上げていくはずです。

ことばは——多くの本が主張するほど——簡単なものではありません。しかし私たちの感覚を越えて複雑なわけではないのです。手に取り慈しむ。それがことばを育てる唯一絶対の方法なのです。

平成15年6月

Paul Chris McVay
大西泰斗

# CONTENTS

はじめに (*iii*)
本書の特色と構成 (*vii*)

## LV. 1 　主要身体感覚

### 視　覚 (*3*)
あかるい (*4*)　くらい (*11*)　おおきい (*15*)　ちいさい (*22*)
たかい (*26*)　ひくい (*31*)　ひろい・せまい (*34*)
ほそい・ふとい (*38*)　ちかい (*43*)　とおい (*49*)

### 聴　覚 (*53*)
音(大) (*54*)　音(小) (*57*)

### 嗅　覚 (*61*)
いやなにおい (*62*)　いいにおい (*66*)

### 味　覚 (*73*)
おいしい (*74*)　まずい (*78*)

### 触　覚 (*85*)
やわらかい (*86*)　かたい (*92*)　かるい (*97*)　おもい (*99*)
なめらかなてざわり (*101*)　あらいてざわり (*105*)
あつい (*108*)　さぶい (*111*)　かわいた (*115*)　しめった (*118*)

# LV. 2 フィールド

## 知性のフィールド (125)
賢 (126)　愚 (132)　理解 ✚ (139)　理解 ➖ (142)
興味 ✚ (146)　興味 ➖ (150)

## 印象のフィールド (153)
美 (154)　醜 (160)　洗練 (164)　野卑 (167)
外向的印象 (172)　内向的印象 (175)　単純 (178)　複雑 (184)

## 対人関係のフィールド (189)
コミュニケーション ✚ (190)　コミュニケーション ➖ (194)
寛容 (197)　厳 (200)　「口」撃 (204)　丁寧 (207)　失礼 (212)

## 判断のフィールド (217)
同 (218)　異 (223)　安全 (227)　危険 (230)
難 (234)　易 (242)　新 (247)　古 (251)
重要 (256)　些細 (263)　善 (268)　悪 (272)

相性の問題 (21)
short について一言 (33)
近さをあらわすフレーズ (52)
さまざまな「におい」(69)
さまざまな味 (81)
寒い・冷たいの比喩 (114)
wet を使った表現 (122)
「同じ」をあらわす各種表現 (222)
「異なる」をあらわす各種表現 (226)
「むずかしい」をあらわす各種表現 (241)

あとがき (277)
INDEX (279)

# 🌸 本書の特色と構成 🌸

## ■ 知っているのに乏しい表現力。へなへな。

### 賢いは wise。むずかしいは difficult

なんでもかんでも**同じ単語ばかり使ってはいませんか？**

　clever も smart もごぞんじのはず。だけど上手に使えないのは**感触がわからないから**。それさえわかればもっともっと豊かな表現力を身につけられるのに、です。

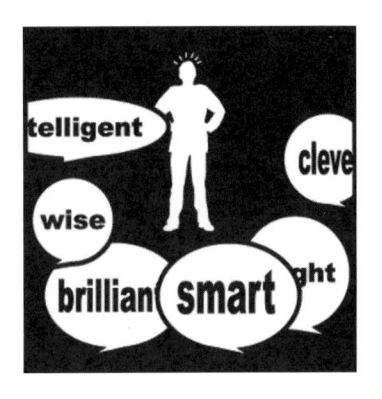

## ■ 辞書では無理

### 単語の感触はどうやったら？ 辞書？

　最近はニュアンスに気をつかっている辞書はかなりあります。ですが「カリッ」とした説明に出会った経験がありますか？「これなら自信をもって使える」と実感し

たことがありますか。

## たいへん申し訳ないけど、私はありません。

---
■ たくさん会話しても不可能
---

会話すれば、ニュアンスも身につくさ

と、夢のような考えを抱いている人もよく見かけます。

## たいへん大きなまちがいです。

楽しい会話の最中に、

「あ。ちょっと、ちょっと。今の wise、よくないなぁ。むしろ smart を選んだ方が『他は太刀打ちできないよ』って感じがあって、ピッタリするだろな。ほら out-smart ってことばだってあるだろ」

と懇切丁寧な指導をしてくれるネイティブなど存在しません。まちがいは素通りされてしまうのです。

---
■ 読書？　Er. . . . in your dreams, my friend!
---

読書でニュアンスを学ぶのさ

語学学習に読書は基本中の基本。ですが単語のもつニュアンスま

で身につくと考えるのは早計です。**100万回でんぐり返しをしても大車輪はできません**。要求される能力のレベルがちがうんですよ、そもそも。「clever = 賢い」レベルの知識でも一応の読書はできます。ですが自分で話し・書くときには smart, wise, intelligent, ... の中から「clever」を**選びとらねばならない**のです。読書からそういった能力を伸ばすのは、よほどの意識的な考察と膨大な時間が必要になるでしょう。まして普通読み飛ばされてしまう簡単な——そして重要な——単語であれば、そこに込められたニュアンスを読みとるのはほぼ不可能でしょう。

## ニュアンスを知らねば使えない。しかし直接の方法がない
## born from FRUSTRATION

ネイティブスピーカーの単語力シリーズは、このフラストレーションから生まれました。このシリーズの目的は1つだけです。ネイティブの語感を直接伝えること。単語の感触をそのまま伝えること。本書はその3冊目となります。

### 本書の特徴

■ 本書では形容詞を基本的なものからかなり難易度の高いものまで、**ネイティブの感覚に沿って徹底的に解説**しています。どう感じながら使っているのか、その感覚を知ることだけが英語を磨くからです。

■ また本書では**グループ別の解説**を採用しています。学習者の英語力向上を阻むのは omnivorous（雑食の）や abstemious（禁欲的）など、低頻度のいわゆる「難易度の高い」単語ではありません。これらの単語は辞書の日本語訳を見るだけでも、ほぼ正確に使うことができるからです。

形容詞には――「賢い」「むずかしい」など――多くの単語が集まった高密度グループが点在します。**使用頻度が高く、多くの単語が密集し、お互いの意味の区別が定かではないグループ**。本質的な意味で難易度が高く学習者にサポートが必要なのは、こうしたグループなのです。

本書では59のグループを厳選しました。**もっとも頻度が高い領域を、ネイティブの語感で**。本書のターゲットは一般の単語集とまったく異なったレベルにあります。

■ 本書で形容詞を学ぶことにより、辞書では知ることのできなかった、それぞれの単語が持つ**本当の「顔」**が見えてくるはずです。そ

本書の特色と構成

してその当然の結果として、「いつでもどこでも同じ単語」から解放され、「こんなときには clever」「あんな感じのときには smart」と、それぞれの単語を的確に、そして印象的に使い分けることができるようになります。

## 本書の構成

### ■ LV. 1（レベル1）　主要身体感覚

さあ、感覚の世界に飛び込みましょう。本書は2部構成になっており、まずは**身体感覚（視覚・聴覚・嗅覚・味覚・触覚）を表現する**、どちらかといえば原始的なグループから始めましょう。それには理由があります。

「あかるい」「なめらか」などの**身体感覚は、人間のもつ感覚の源泉であり宝庫**でもあります。それをあらわす身体感覚語が、頻度が高いだけではなく——感覚に直接訴えるだけに——表現力豊かに使うことができるのも当然のことといえるでしょう。形容詞をマスターするためには、身体感覚語の習熟が不可欠なのです。

### ■ LV. 2（レベル2）　フィールド

ここでは形容詞を大きく**4つのフィールド（知性・印象・対人関係・判断）**に分け、それぞれ最重要のグループをピックアップしていきます。

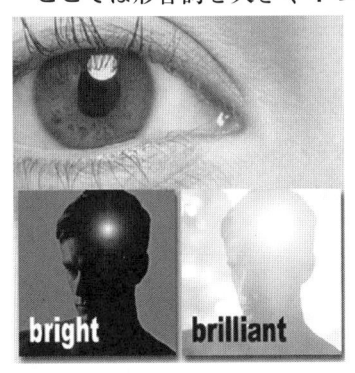

「賢」「洗練」...とそれぞれの形容詞群を旅する中でみなさんは、LV.1で学んだ身体感覚語がしばしば顔を出すことに驚かれるでしょう。

たとえば「賢」。bright, brilliant

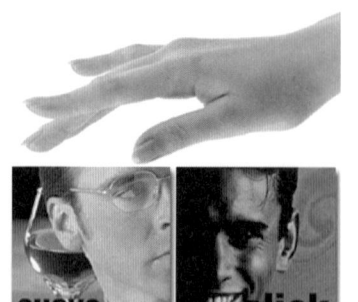

には光の感覚が生きています。

たとえば「洗練」。suave, slick には、まったくザラつきのないグラスのようななめらかさ、あるいは脂ぎったなめらかさの感覚が息づいています。

そして本書を読み終わる頃、みなさんはある事実とある権利に気がつくことでしょう。

——形容詞の基本感覚はみなさんの身体にすでに備わっているという事実。
——それを縦横無尽に使って表現してよいという権利。

**さあ、はじめましょう。**

# LV. 1

主要身体感觉

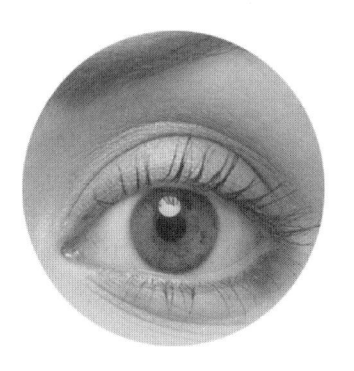

視　覚

① **light** ② **bright** ③ **brilliant** ④ **radiant** ⑤ **luminous** ⑥ **shiny/shining** ⑦ **glittering** ⑧ **sparkling** ⑨ **twinkling** ⑩ **glaring**

　身体感覚の形容詞、まずは視覚から。視覚を構成するもっとも基本的な感覚は「あかるさ」です。ミミズでもこの程度の感覚はもっているそうですが、そこは人間様。ミミズとは違って単なるあかるさの中にもさまざまな質感のちがいを認めています。

# light

　**light**（光）がたくさん。「明るい」をあらわすもっとも一般的な単語。同じ綴りで「軽い」という意味にもなることをご存じですね。もちろんこの２つは無意味に同居しているわけではありません。暗い部屋に入ってみましょう。漆黒の闇、そこには恐れ・重圧感が付きまとうでしょう。そこに光が差し込みます。フッと重圧がなくなり心が「軽く」なるはず。「明るい」と「軽い」は、深い感覚の中でしっかりと結びついているのですよ。

- This kitchen is very **light**.
  （このキッチンとっても明るいね）

視 覚

- It's quite **light** in here, isn't it?
（ここはかなり明るくない？）
- I love these **light** nights.
（明るい夜が好き）

light は非常にたくさんの仲間をもっています。どんな光・明るさなのか、早速解説していきましょう。このグループ、本番はここからです。

➡ かるい

# bright

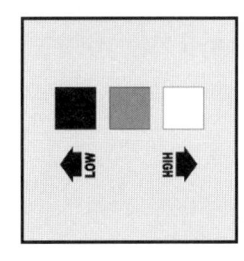

light の次にポピュラーな単語。**光量の多さ**をあらわします。テレビに付いている **BRIGHTNESS CONTROL**（明るさ調節ボタン）などご存じですね。

- That picture is too **bright** — can't you adjust it?
（あの写真は明るすぎ。調整できない？）
- What a beautiful **bright** day!
（なんてすばらしい明るい日なんだろ）
- She was wearing a **bright** red dress.
（明るい赤のドレスを着ていた）

➡ 賢

# brilliant

強い明るさだけでなく、そこに**キラキラ**を感じさせます。**a brilliant**と言えばブリリアントカットされた宝石のこと。キラキラ感が理解できますね。

- Everything looked so clear in the **brilliant** sunlight.
  (すべてがきらめく陽光の中、はっきりと見えた)
- The other women couldn't take their eyes off her **brilliant** diamond necklace.
  (きらめくダイアのネックレスから目が離せなかった)

➡ 賢

# radiant

**光線の放射**(emission)。それが radiant。オーラのような光の放出を感じさせます。

- The knight was imposing in his **radiant** armour.
  (騎士は輝く甲冑を身にまとい威光を発していた)

鎧は単に反射して光っているのではありません。光を放出している感触なのです。だからこそ imposing(威圧するような)と呼応するのですよ。

視 覚

radiant は「美」も連想させます。すばらしい美しさは、中から「力」が放出している感触があるからです。

- Her **radiant** beauty made her really photogenic.
  (彼女の輝く美しさが彼女の写真をすばらしいものにしていた)

# luminous

光の放出をあらわしますが、radiant のような力強さはありません。**暗い中でポーッと光る感触**です。周囲が明るくてはわからない弱さです。

- I've got no problems telling the time in the dark because the face of my alarm clock is **luminous**.
  (時計の文字盤が発光するから大丈夫)
- Hey, look at these **luminous** green bracelets I've bought — they'll be great for the disco.
  (ほら光るブレスレット見ろよ。ディスコにいいだろ)

もちろん *luminous beauty などとは言えませんよ。パッとしませんからねー。どう考えても。(*印のついた表現は、それが不自然であることを示します)

# shiny / shining

動詞の shine (光る)から。自ら光を出すわけではありません。**光をテカテカ反射**させています。そう、ピカピカに磨き上げた車が光っている感触。得意分野はテクスチャーの**光沢**(金属、プラスチック、皮、織物 (fabric) などのほか、目・髪なども)。反射させるわ

けですからね。

- Look at my **shiny** new coins.
  （新しいピカピカのコイン）
- The teacher's trousers were **shiny** with wear.
  （はき古してテカテカ）
- The movie-stars all arrived for the Cannes festival in **shining** limos.
  （映画スターたちはみんなピカピカのリムジンでやってきた）

## glittering

光点が点在しています。**あちこちがギラッ・ギラッと光ります。**

- I watched the **glittering** light on the water.
  （光る水面を見ていた）

この単語は rich とかなり強いつながりをもっています。**glitterati** は rich & famous person ということ。シルクの服や宝石で輝いているからですよ。

- All that **glitters** is not gold.
  （光り輝くものすべてが金ではない）

は有名ですね。もちろん実際のところ、金は glitter しません。あくまでも比喩的に使われているんですよ。

視　覚

## sparkling

　キラキラと光っています。あちこちが光るところは glittering と似ていますが、ギラッ・ギラッという刺激の強さ、重い質感とは無縁です。**sparkling champagne** の sparkle を想像してください。小さな無数の光があちこちに動きはじける、それが sparkling ということ。**軽さ・動き・生き生き感のある光**なのです。

- Look at his **sparkling** white teeth ― I bet they're false.
  （あいつの輝く白さの歯を見てみろよ。義歯だぜ）
- The diamond ring **sparkled** in the sunlight.
  （ダイヤのリングは日の光で輝いた）

　この単語は宝石（sparkler はダイアモンドの俗称）や目などに好んで使われます。またキラキラ光る目（sparkling eyes）は、喜び、愛情とか、はたまた悪戯を企んでいるとか、象徴的な意味合いと結びついていますが、日本語と同じですよね、このあたりの感覚は。

## twinkling

- Look at all the beautiful **twinkling** stars!
  （きらきら瞬く星を見てごらん）

強弱強弱と**明滅する光**。

## glaring

　glare という動詞をご存じですね。怒りと強く結びつく、相手を

射る強い視線です。glaringも同様のイメージ。ほとんど「痛さ」と表現してもいいような、**目を刺す強い、不快な光**なのです。

- I was blinded by the **glaring** headlights of the car coming towards me.
(対向車のまぶしい光で目が見えなくなった)

- I would never wear such a **glaring** orange shirt, would you?
(ぼくならあんなケバいオレンジ色の服なんて着ないよ。君は？)

目にざらっとくる不快さがあらわれていますね。それでは次は？

- Chris makes hundreds of **glaring** mistakes whenever he writes in Japanese.
(日本語を書くといつも何百ものひどい間違いをする)

見たとたん目が射られるような、ひどい間違いということです。ちなみに **glaring publicity**（派手な宣伝）もよく使われる表現。マークしておきましょう。

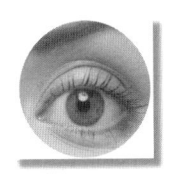

視覚

① **dark** ② **dull** ③ **dim** ④ **murky** ⑤ **gloomy**

「あかるさ」が一通りではないように、「くらさ」にもさまざまな質感があります。dark だけしか使うことのできない英語力。そこから脱皮していきましょう。

## dark

light の対極にある、光のない状態。「暗い」をあらわすもっとも一般的な単語。

- I hate the **dark** winter nights.
  （冬の暗い夜が嫌い）
- We got lost in a **dark** forest.
  （暗い森で迷子になった）
- She had **dark** brown hair and was wearing **dark** glasses.
  （暗い茶色の髪をしてサングラスをしていた）

➡ 理解 ○

## dull

　bright と対照をなすこの単語、イメージの中心は**欠乏感**にあります。明るさを投げかけるものが何もありません。

- It's very **dull** out today. （どんよりした天気だ）
- I don't like that designer — he uses such **dull** colours.
（冴えない色を使っている）

　dull に感じられる欠乏感は、おもしろみ、知性、スピードなどの欠如ともつながっていきます。
　➡ 愚　　➡ 興味 ⊖


## dim

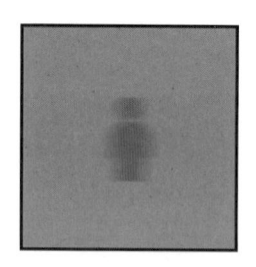

**ものがハッキリと見えない薄暗さ。**明瞭さ（clarity）が欠けています。

- I could barely make him out in the **dim** light.
（薄暗い明かりの中でやっとわかった）
- Romantic couples prefer to sit in the **dim** corner of a bar.

（やっぱり見られたくないだろーからなー。見たくもないけどなー）

　大西邸のような高級住宅(うそ)では部屋にライトの照度を変えるスイッチがついています。**dimmer switch** ですね。また dim の「はっきりと見えない」は、目の弱さ、ぼやけた過去のできごとなどをあらわすのにも適しています。

**視　覚**

- My grandfather's eyesight is growing **dimmer and dimmer**.
  (だんだんと視力が弱くなってきている)
- I have a **dim** memory of my late uncle Tom.
  (死んだトムおじさんについてのぼやけた記憶)

➡ 愚

# murky

mu- で始まることばにはどうして鬱陶しい感覚がいつもつきまとうんでしょう。**mumble**（ごもごも言う）、**murmur**（ちいさな声でつぶやく）、**murder**（殺人）、**mummy**（ミイラ）。くぐもった音、口を大きく開かない音それ自体が、何か邪悪な、秘密めいた感触を醸し出すのでしょうか。

さてこの murky は、**淀んだ重苦しい暗さ。** ほこり・なんらかの汚染などに関わってくることも多くあります。

- The Loch Ness monster lives in the **murky** depths of the lake.
  (ネス湖の恐竜は暗い湖の奥深くにいる)
- I felt sorry for the poor birds flying around in the **murky** air.
  (こんな汚いところでかわいそう)

不気味さ、よごれなど重苦しい雰囲気が想像できますね。

# gloomy

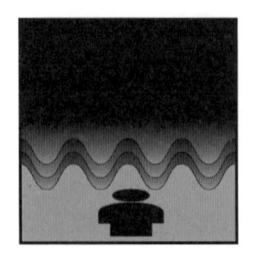

明るさが非常に乏しい。その暗さは**のしかかるような抑圧的**(oppressive)**な質感**をもっています。常に生気のなさ・元気のなさを思い起こさせます。

- What a **gloomy** day — nothing but grey skies.

(なんて陰鬱な日なんだろう。空が一面灰色で)
- When I was a student I lived in a small, **gloomy** flat in the basement of a house.

(学生だった頃、民家の地下の小さな暗い部屋に住んでいた)

単なる暗さだけではない響きを感じることができますね。

視　覚

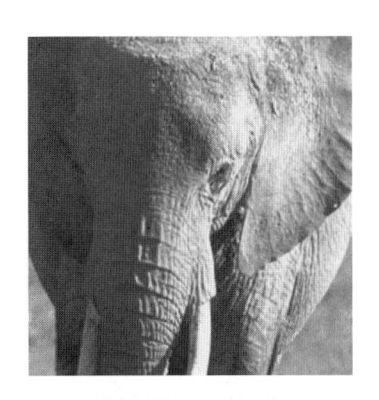

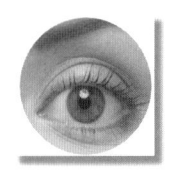

# おおきい

① **large** ② **big** ③ **great** ④ **huge** ⑤ **enormous** ⑥ **gigantic**
⑦ **massive** ⑧ **vast**

もっとも原初的な「明暗」から、形状の認識に歩を進めましょう。まずは「大」から。

## large

large で押さえておきたいポイントは、**感情的色彩が感じられない**ということです。そのサラッとした語感です。

「large＝さらっ」がわかると、服のサイズが「L」「LL」なのもうなずけるでしょう？　豊かな感情的色彩をもつ「B(ig)」だと「でけー」となってしまいます。服のタグにいちいち「でけー」「バカでけー」と叫んでもらっても困りますね。次の文も見てみましょう。

- *God, it's **large**, isn't it?
  (げ。でっかいよなー)

こんな使い方、large はできません(big は可)。あくまでも単に「サイズが大きい」という、色彩がない単語なんですよ。big に比べ

**てちょっとカタい**と考えてもいいでしょう。

- Los Angeles is the second **largest** city in the US.
 (ロサンゼルスはアメリカで2番目に大きい都市だ)

large はいわば貧弱な単語。さまざまな感情的色彩も、**比喩的な使い方も得意ではありません**。

- *She has a **large** heart.
 (心の広い人だ)
- *He accepted the gift with a **large** smile on his face.
 (満面の笑みで贈り物を受け取った)
- *He is a **large** drinker.
 (大酒飲み)

豊かな big なら全部 OK ですよ。

# big

large と対照的に**感情の乗る、豊かな広がりのある単語**。大きいものなら何でもござれの万能語でもあります。

- Your Billy is **big** for his age, isn't he?
 (ビリーは年の割には大きいよね)
- See the **big** redbrick building over there?
 (あそこに赤レンガのでっかいビルが見える?)
- He accepted the gift with a **big** smile on his face.
 (満面の笑顔でプレゼントを受け取った)
- France is a much **bigger** country than England.
 (フランスはイギリスよりはるかに大きい)

視　覚

big は large とちがい、比喩方向にも豊かに広がっていきます。

- I'm a **big** fan of yours. （君の大ファンなんだよ）
- Think carefully — it's a **big** decision, you know.
（よく考えろ。大きな決定なんだからな）

➡ 重要

# great

物理的な大きさというよりも、そこから派生した、**インパクト**（「あー」とか「おー」など、目を見張る感触）に力点があります。

- Gandhi was a truly **great** man.
（本当に偉大な人間であった）

会話では great big（= very big）といったポピュラーな表現もあります。

- There was this **great big** hairy spider on the ceiling.
（毛むくじゃらの、すごく大きな蜘蛛が天井にいたよ）

日常会話で大きさに言及することはあまりありません。

- London is a **great** city.

この文は「住んでいてすごく楽しい」という意味。「大きな」都市という意味ではありません。

# huge

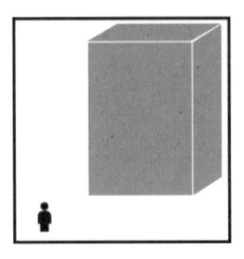

**すごーく大きい。** 単にサイズに言及しています。ほんとにホントに大きい。

- They own a **huge** estate in Scotland.
  (すごく大きな土地をスコットランドにもっている)
- Not getting that job was a **huge** disappointment.
  (その仕事につけなかったのにはすごく落胆した)

# enormous

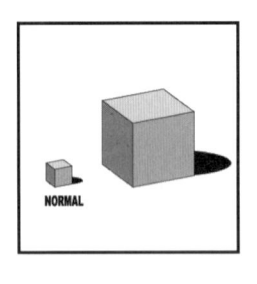

**桁違い。** この単語には norm(標準)が入っていますね。それを逸脱して大きいということ。

- This project will require an **enormous** amount of time and money.
  (このプロジェクトには莫大な時間と資金がかかるだろう)
- The clown was wearing the most **enormous** shoes.
  (道化はとんでもない大きさの靴を履いていた)

視　覚

## gigantic

giant（巨人）の仲間。**巨人のように、異常にでかい**ってこと。

- The **gigantic** tidal wave flattened hundreds of homes.
（巨大な津波が何百もの家をなぎ倒した）

見上げて「あー」というような感触を伴っています。

## massive

かたまり（mass）感のある単語です。ぼわっと散漫な大きさではありません。**何やらしっかりと緊密に凝固した巨大な固まり**が想起され、そこから圧倒的感触・重量感も生まれます。

- He had a **massive** headache.
（強烈な頭痛がしていた）
- He has a **massive** ego.
（ものすごいエゴのかたまりだ）
- They had a **massive** argument.
（ひどい口論をした）

## vast

**前方に限りなく開けた**、という大きさ。

- Debris from the crashed shuttle was spread across a **vast** area.
（事故を起こしたシャトルの破片は広大な地域に渡っていた）
- I'm sure the **vast** majority would agree with me.
（大多数は僕に賛成だよ、確信してる）

「大多数」もやはり平面的なエリアを想像しています。

## 相性の問題

「あの人とはなんだかしっくりこないな」。

人間同士に相性の問題があるように、単語間にも相性(コロケーション)があります。そしてその相性を決定的に支配するのは単語のもつフィール、すなわちイメージなのです。

たとえば a massive ego。

He has a **massive** ego.

ego から連想されるかたまり感と圧倒される感触が、massive と ego を自然に結びつけています。このコンテキストを伴わない文では vast, gigantic, large, great はもちろん、enormous, huge という選択も厳しいものがあるでしょう。他との比較は念頭にありませんし、ego には huge building に相当するようなサイズ感があるわけではないからです。

ここで注意していただきたいのは、**コロケーションは「決まりごと」ではないという事実です**。コロケーションは、話し手の感性・教養の程度・注意力、あるいはコンテキストにも容易に影響を受けます。

Some people say that MBA basketball players have **enormous** egos.
(バスケット選手はとりわけ大きな自尊心を持っている)

比較が視野に入ってくると(他のスポーツ選手との比較が念頭にあります)、途端に enormous が可能になってくるんですよ。

コロケーションが生き物であり、揺れ動くものである以上、機械的に「○×」をつけたり、暗記をしようとしたりすることは無意味であり、そもそも不可能です。唯一動かないもの、信頼するに足るべきもの。それは単語のもつフィールであり、イメージなのです。

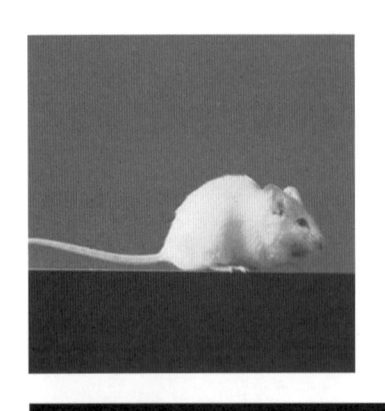

① **small** ② **little** ③ **tiny** ④ **minute** ⑤ **compact** ⑥ **miniature**

「大」の次は「小」です。large — big と同様の対比が small — little 間にも見られることに注意しましょう。

## small

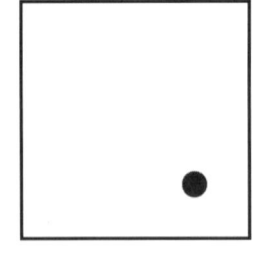

「ちいさい」グループで large と対応するのは small。感情があまり乗らず、**サラッとしています**。客観的にサイズの小ささを述べるなら、この単語を使ってください。

- This restaurant serves **small** portions.
  (このレストラン、盛りが少ない)
- We got a much **smaller** bonus this year.
  (今年はボーナス少なかったよ)

➡ 些細

視　覚

# little

big に対応する豊かさをもつのは、この little。small 同様、純粋にサイズの小ささを述べることもできます。

- This flat is too **little** for a family.
  (この部屋は家族が住むには小さすぎ)

ですが普通そこには、**「小さい」に触発される感情の動きがオーバーラップ**してきます。

- What a lovely **little** boy you are!
  (なんてかわいらしい子なんだろうねぇ)
- The poor **little** puppy has got caught in the barbed wire.

(小さな犬がかわいそうに有刺鉄線にひっかかった)

どちらも small ではダメ。単なる大小ではなく「ちっちゃな」と、胸をキュッと締め付ける感情を加えているからです。「もちろん否定的な感情も乗っかります。

- Don't listen to his **stupid** little comments.
  (あいつの馬鹿げたつまらんコメントなんて聞かなくていいよ)

さてそれでは最後に問題。次の small と little のニュアンスのちがいを考えてくださいね。

- There'll be a **small/little** test next Friday.
  (先生が: 来週の金曜日にはテストがあるから)

small が「小テスト」となり、シリアスな感触があるのに対して、little は「ちっちゃな」。「たいしたことないんだよ。心配しなくていいからね」という響きです。これがわかれば相当 OK ですよ。

## tiny

very small ということ。**ちょこちょこ**って感じ。

- I come from a **tiny** village in the North of England.
（私はイギリス北部の小さな村出身です）
- They've made a couple of **tiny** changes to the schedule.

（スケジュールに小さな変更を加えた）

## minute

ごく小さい。「**目に入らないような**」という感触。

- **Minute** traces of cocaine were found on the sofa.
（ごくわずかなコカインの痕跡がソファで見つかった）

ここから「微に入り細を穿ち」といった使い方もあります。細部にまで注意を怠らないってことですね。

- He presented his research in **minute** detail.
（ごく詳細に研究を発表した）
- The archaeologists made a **minute** examination of the fossils.
（考古学者はその化石を精査した）

多分みなさんご存じでしょうが、minute（分）もこの単語の仲間。「小さな」単位ですからね。うーむ。余計な蘊蓄話たれちまった。**発音ちがうし**忘れていいですよ。

視　覚

## compact

日本語と同じ。「**効率的に小さな場所に詰め込んだ**」ってこと。CD は Compact Disk。大きな情報を効率的に詰め込んでいるわけですね。

- The architect has really made the most of the limited space here — it's all so **compact**.
  (この建築家は限られたスペースを最大限活用しています。すべてがコンパクト)

## miniature

小型。本来の大きさを**縮小した**という感覚。

- The kids loved going on the **miniature** railway.
  (子供はおさるの電車に乗るのが好き)
- 007 always uses fantastic **miniature** cameras.
  (007 はいつもすごい小型カメラを使っている)

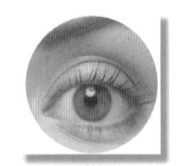

## たかい

**① tall ② high ③ towering ④ elevated ⑤ lanky**

「高低」も基本的な視覚認識の1つ。high — tall のちがいの基本も押さえておきましょう。

## tall

tall は「物体」の高さをあらわす単語。典型的には**細長の「物体」**がイメージされています。人の背の高さはもちろん tall ですね。

- How **tall** are you? （どのくらいの身長？）
- This is the **tallest** building in Japan.
  （日本で一番高いビル）

みなさんは tall drink という表現をご存じですか。そう、gin and tonic のような、cocktail 類です。グラスの細長い形が tall を連想させるというわけ。次の tall tale, tall order もポピュラーな表現ですが、イメージが湧きますか？

- Chris is fond of telling **tall tales** — I wouldn't believe half of what he says!

**視 覚**

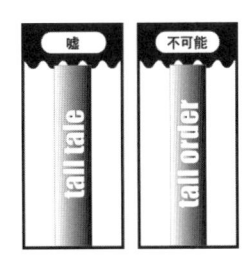

（クリスはの話は白髪三千丈。話半分にも聞いていないよ）

- A: Can you fix it?
  B: Mmm . . . it's a **tall order** but I'll have a go.
  （なおせる？　うーん、厳しい注文だがやってみるよ）

図のように、「嘘とホントの境目ぐらいまで誇張された」「できるかどうかギリギリの」ということなんですよ。

# high

細長い物体を想起させる tall に比べ、high にはそういった形状に関する制約はありません。単純に、**起点からの上方向の距離**（高さ: レベル）が問題になっているにすぎないのです。いくつかビルを眺めてみましょうか。tall と high のちがいがわかるはずですよ。

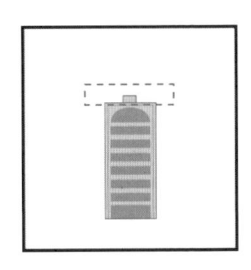

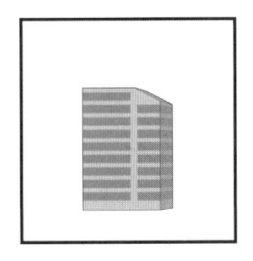

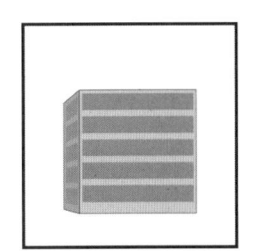

| tall （○） | ? | × |
|---|---|---|
| high （○） | ○ | ○ |

tall は「形を見る」語です。それが細長かどうか、そうした判断

が常に付きまといます。一方 high は(左の図に点線枠で示したように)物体の形ではなく、その「レベルに注目する」語。ですからそれがどういった形状でも a high building と言えるのです。とはいっても「これくらい細長だったら tall なのかなぁ」なんて、悩む必要はありません。細長と「感じれば」使っていいのですよ。さて、それではもう次の文のおかしさがわかるはず。解説はしませんよ。

- *Sorry, it's too **tall** for me to reach. （ごめん。高すぎるよ）
- *It's more difficult to run at **tall** altitudes.
 （高地で走るのはむずかしい）
- *This room is 3 metres **tall**. （この部屋は 3 メートルの高さ）

正解はすべて high。簡単ですね。
ちなみに、人間の背の高さに関して high は使えません。

- He is 4 feet **tall**. （彼は 4 フィートです）
- *He is 4 feet **high**.

こうした問題に関して決定的ことは言えません。でもみなさんはそれを自然に受け入れることができるでしょう？ そう、人間は——よほどのことでもない限り——前頁の左の図のビルのように細長な形状をしています。だから tall。また、high が使えないのも自然なこと。人間の背の高さはせいぜい 240 cm ぐらい。その程度の高さを high と言うにはちょっと抵抗があるはずですね。

## towering

tower のように very high ということ。そこには**強い印象・威圧感**など感情的色彩が生まれています。

- We gazed in awe at the **towering** peak of Matterhorn.

（高くそびえ立つマッターホルンの頂上に畏怖の念をもって見入っていた）

towering のもつ**圧倒的な威圧感**は、次のような使い方につながります。

- He stormed out of the meeting in a **towering** rage.
（激怒して会議の席を蹴った）

## elevated

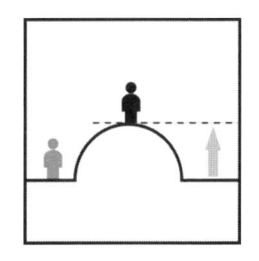

周りと比べて、という意識。**「周りより高い」**ということ。アメリカ英語の elevator。もうその語感がわかりますね。そう、高いレベルに上がっていく機械だからですよ。

- The 16th hole has an **elevated** green.
（16 番ホールはグリーンが高台になっています）
- We had a great view of the parade from our **elevated** position.
（高い所からパレードを見物した）

# lanky

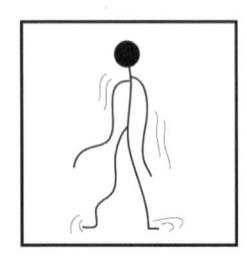

**「ひょろっと背が高い」**ってこと。足も長いですね。だけど格好がいい、とは遠く離れた形容です。自信なさそうに(背中も丸めてそうです)、「風のままにふーらふーら」といった趣きです。

- The **lanky** teenager made his way awkwardly to the podium.

(ひょろっとした十代の若者がぎこちなく演壇に近づいた)

視　覚

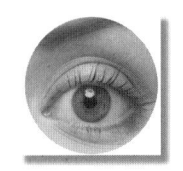

# ひくい

① short ② low ③ squat ④ stocky ⑤ petite ⑥ dwarf

「低」のバリエーションはそれほど多くはありません。

## short

not tall ということ。うーむ。言うことがない。high が人に使えないのと同じように、low も人には使えません。short が適任。

- My brothers are **shorter** than me.
（弟は私より背が低い）

## low

high の逆。以上。

- Sinks in Japan are far too **low**, don't you think?
（日本のシンクは低すぎる。そう思わない？）

## squat

**人がしゃがみこんだ形**を想像してください。人にもモノにも使われます。short and fat, low and wide。

- The new teacher is **squat** and bald.
  （新任の先生は背ずんぐりしてる。しかも毛がない。うーむ）
- This old house is too **squat** for my liking.
  （古い家はずんぐりしてて好きじゃない）

## stocky

**背が小さくて、だけど頑丈な筋肉質体型。**

- Sonny was a powerful, **stocky** boxer.
  （サニーは強いがっしりしたボクサーだった）

## petite

そ。フランス語から来てます。「プチ家出」とか「プチ整形」の「プチ」。そのうち「プチ戦争」とか「プチ核融合」とか「プチ大陸間弾道弾」とかできるんだろうなぁ。そんでもって、みんな「かわいい！」とか言うんだろうなぁ。slim & short なかわいらしい女性に使われる言葉。

視　覚

- I prefer **petite** brunettes to long-legged blondes.
（足の長いブロンドよりもかわいいブルネットがいいな）

# dwarf

もともと「小人」を指す言葉。「白雪姫と7人の小人」（Snow White and the Seven Dwarfs (Dwarves)）で有名ですね。サーカスやプロレスに出てくるような小さな人たちを示すこの単語は、標準よりかなり小さなもの、特に動植物に使われます。

- I love your **dwarf** rose bushes.
（君のところのちっちゃいバラが好き）

### short について一言

このグループの代表選手、short の低さ(短さ)は「通常の(当然期待される)レベルに達していない」につながります。

I'm a bit **short** (of cash) — can you lend me a fiver?
（お金が足りない）
Drinking water is in **short** supply.
（飲料水が欠乏）
I was rather **short** with the new secretary.
（ぶっきらぼう）

最後の例は「当然必要とされる言葉数(丁寧さ)に達していない」です。**short temper**（短気）も同じフィール。よく顔を出す比喩ですよ。

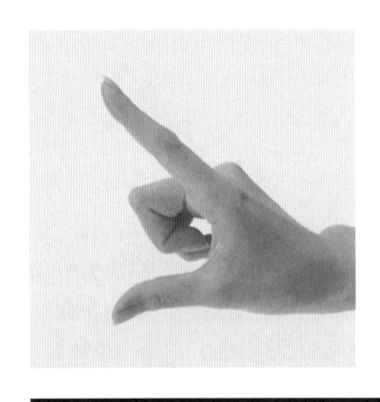

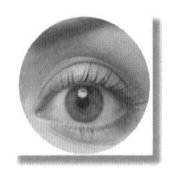

# ひろい・せまい

① **wide** ② **broad** ③ **narrow** ④ **cramped**

形に対する認識、最後は「広・狭」を扱います。どちらもそれほどバリエーション豊かではありません。

## wide

幅広さを示す**無色透明**な単語。

- How **wide** is the lake?
  (この湖の幅は？)
- The room is 3 metres **wide**.
  (部屋は幅3メートル)
- It's not **wide** enough here — we'll have to take it in through the other entrance.
  (ここは狭いな。他の入り口を通そうか)

視 覚

# broad

large に big、small に little が対応するのと平行して、wide にはこの broad があります。wide が単なる A 点から B 点までの距離をあらわす平たい語であるのに対し、broad は**「奥行き」を感じさせる、豊かさもった幅広さ**をあらわします。

- I like men with solid **broad** shoulders.
  （がっしりと肩幅のある男性が好き）

単純に「左肩と右肩の距離が長い」ではありません。そこにはがっしりとした力強い「奥行き」を感じるはずです。

- The Champs Elysees is a beautiful **broad** boulevard in Paris.
  （シャンゼリゼは美しいパリの大通りです）

やはり単なる wide ではありません。魅力と壮大さという「奥行き」が感じられるのです。broad は、数値に留まらない肯定的連想を含み込んだ、豊かな「幅広さ」をあらわします。

少し微妙な wide とのちがいを考えてみましょう。

- There is a **wide** gap between theory and practice.
  （理論と実践には大きな開きがある）

ここでは broad はちょっとむずかしいでしょう。「奥行き」は含意されていないから、単なる距離感が支配的な文脈だからです。

- The Prime Minister gave a **broad** outline of his tax reform plan.
  （首相は税制改革の大まかなアウトラインについて概観した）

この場合は、逆に wide がいけません。ここで意味されているの

は rough idea ということ。単なる「幅」ではなく、奥行きのある範囲からちょっとずつ内容を拾っている感触がありますよね。

もちろん wide/broad のちがいに神経質になる必要はありません。多くの場合どちらでも使うことはできます。「wide は寸法、broad は奥行きもあり豊か」を感じていただければそれで十分。それがネイティブの語感です。

## narrow

wide の逆。「**狭い**」です。

- This bed is too **narrow** for 2 people.
  (1人で寝ろ、1人で)
- The burglar escaped through a **narrow** gap in the hedge.
  (強盗は垣根の狭い隙間を通って逃げた)
- The Labour Party won by a very **narrow** margin.
  (労働党は僅差で勝った)

どれも「狭い」ということですね。最後の例がわかりずらかったら、自分でジェスチャーしてみましょう。「ホンのこんだけのちがいで」(図参照)。ほら、指の間は「狭い」でしょう? 次も同じ。

- Phew! That was a **narrow** escape!
  (ふう。ギリギリだったねぇ)

また、日本語には「了見が狭い」という言い方がありますね。英語の narrow も同じように使うことができます。

- I believe you're taking a rather **narrow** view of the situa-

視 覚

tion.
(この状況について、かなり狭い見方しかしていないように思います)

・Our generation is far less **narrow-minded** when it comes to sex.
(我々の世代はセックスについてはるかに自由な考え方をしています)

どの言葉も、イメージの広がりに大きな差はないんですよ。

## cramped

ほとんど色がついていない narrow と比べ、cramped には「**苦しー**」(**uncomfortable**)という明らかなニュアンスが貼りついています。強い圧迫感。狭くて動けないんですよ。

・I never travel in economy — it's far too **cramped**.
(エコノミーは使わないよ。窮屈すぎるから)

# ほそい・ふとい

## (うすい・あつい)

① **thin** ② **slim** ③ **slender** ④ **skinny** ⑤ **scrawny** ⑥ **skeletal**
⑦ **lean** ⑧ **wiry** ⑨ **thick** ⑩ **chunky** ⑪ **fat**

英語では「薄い・厚い」と「細い・太い」が同居しています。人体の形状も関わるこのグループには多くの仲間が集まります。

## thin

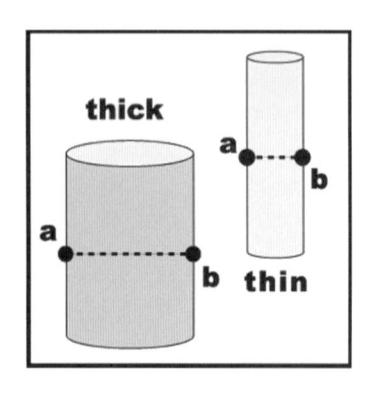

**薄い**。もちろんワイヤーのように円筒状のものであっても、使うことができますよ。その場合もやはり左図のように a-b 間の距離が問題となっていますが。

- Be careful! The ice is very **thin** near the edge of the pond. 〈薄さ〉
  (気をつけて。池のヘリでは氷がとっても薄くなっているから)

視 覚

- The poles were held together with **thin** wire.　〈細さ〉
（ポールは細い針金でまとめられていた）

## slim

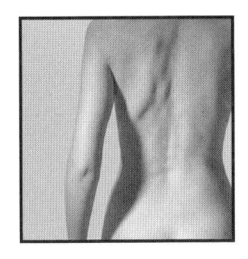

ダイエットの広告などでおなじみ。thin ですが、そこに**魅力**を感じます（attractively thin）。

- You look lovely and **slim** — that diet has certainly worked.
（すてきに痩せてるね。あのダイエット、効果あったんだ）

## slender

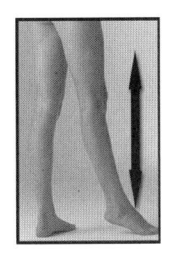

やはり魅力的。でもこの語にはさらにスッとした伸びやかさが感じられます。**優雅さ（graceful）**とでもいった印象です。

- Most models have long **slender** legs.
（ほとんどのモデルは長く細い足をしている）

## skinny

魅力なし。**痩せすぎです。**皮が骨に張り付いています。**He's all skin and bone.**（骨と皮だけ）なんて言い方もあります。

- I remember him — he was the **skinny** kid with a stutter, right?
（覚えてるよ、彼。痩せた、ちょっとどもる男の子だったよね）

## scrawny

**ガリガリ君。** 弱々しく・栄養が行き届いていない印象。ちゃんと食べるもの食べていない感じです。**low class**（下層階級）の子供たちを思い起こさせることばです。

- I felt sorry for the group of **scrawny** little kids playing in the dirt.
（泥だらけで遊んでいるガリガリに痩せた子供がかわいそうだった）

## skeletal

栄養失調で苦しむアフリカの子供たちを見たことはありませんか。脇腹には肋骨が浮き出ていて、目も落ちくぼんでいます。**skeleton**（骸骨）を感じさせる体つき、それが skeletal です。

- The doctor studied the old woman's **skeletal** body.
（老婆の骨と皮ばかりの体を診察した）

## lean

ほとんど脂肪のない肉を指すこの単語、人に使われると**贅肉のない引き締まった体**を意味します。

視　覚

- I envy the **lean** bodies of these athletes.
（この選手たちの引き締まったからだが羨ましいよ）

# wiry

針金君。痩せて見えますが実は**強靭な筋骨系**。太っているのに弱々しい私の逆ですな。

- Bill was small, **wiry** and deceptively strong.
（ビルは小さくて痩せているけど、見かけと違って強いんだぜ）

■ ■ ■

# thick

**厚い**。もっとも一般的な単語(thin のイラストも参照のこと)。3日間お風呂に入っていない人のような、**特殊なニオイはありません**。

- The castle walls are 2 metres **thick**.
（その城壁は2メートルもの厚さがあるんだよ）
- Mike is the one wearing the really **thick** glasses.
（あのとても分厚いメガネをかけているのがマイクだよ）

➡ 愚

# chunky

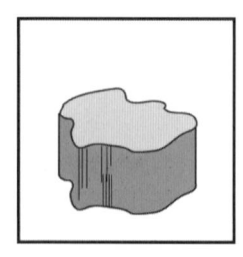

**ずんぐりと分厚い固まり**。切り口はアバウトですが立方体に近いコロッとした形。

- The fish stew was full of **chunky** pieces of cod.
 (そのスープには鱈のぶつ切りがたくさん入っていた)
- She loves those **chunky** ethnic silver rings.
 (彼女はボテッとした銀の指輪が好きなんだ、エスニック調のね)

# fat

人に使われればもちろん、**どよよ〜ん**と「太った」。ですが、普通よりも**グッとボリューム（volume）のあるモノ**についても使えます。

- Look at all those rich tycoons with their **fat** cigars.
 (ほら、あの大尽たち見てごらん。ぶっとい葉巻もってるぜ)
- He presented me with this enormous **fat** encyclopaedia.
 (彼、このすごく分厚い百科事典くれたんだ)

視　覚

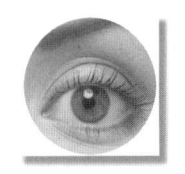

# ちかい

① **near** ② **close** ③ **local** ④ **neighbouring** ⑤ **convenient**
⑥ **handy** ⑦ **adjacent**

さて、それではそろそろモノの形状から離れましょう。視覚グループの最後は「ちかい」「とおい」です。

## near

近い。なにも特別なニュアンスはこもりません、**純然たる距離が近い**です。

- Christmas is coming **near**.
  (クリスマスはもうすぐだ)
- We live **near by**.
  (近くに住んでいるよ)
- I'd like a seat **near** the screen, please.
  (スクリーンの近くの席をお願いします)

near by は「近く」ということですが、熟語でも何でもありません。by という前置詞は「近く」というニュアンス。つまり同じ意味をもったものが繰り返されているにすぎません。ちなみに by は次

にご紹介するcloseとも結びつきますよ(**close by**)。

---

　品詞分類が好きな人なら「これは形容詞じゃない」というかもしれません。上の例は厳密には「副詞」「前置詞」と分類されます。でももちろんみなさんはそんなことにこだわる必要はありませんよ。ただ、次のようには使えないことを頭の片隅に置いておいてください。

　　*The shop is near.（その店は近く）
　　*These apples come from a near village.
　　（このリンゴは近くの村でできたものです）

　どちらも . . . is near by, a nearby village なら OK. The shop is near. で終わってしまうと「なんか尻切れトンボだなー」という感じがしてしまいます。

---

## close

　多くの英英辞典で **very near** と説明されています。確かにほとんど接触するほど近いとき、ネイティブは **near** でなく **close** を選びます。

- Hiroto, how **close** am I to the wall?
  （［車庫入れしているクリスが私に］壁どれくらい近い？）
- Oh, that was so **close**!
  （［信号無視して突っ込んできた車を危うく避けたクリスが］ギリギリだったなぁ）

　ここでは near / near by は使いません。だけどね、こういった場合以外は取り替えても意味は変わりません。

　　A:　I live **near** Tokyo.
　　B:　I live **close** to Tokyo.

視　覚

　Aの発言で「ふーん」と言っていた人がBの発言を聞いて、「おおっ、ものすごく近いんだね、便利だね」などという反応をすることはないんですよ。very near = close と覚える必要などまったくありません。

　ただ1つ注意しておくべきことは、close は near に比べ、はるかに豊かな感覚を内包しているということです。**near** は **A–B** 間の距離が単に短いという、いわば客観的な表現。2点間の距離を上から俯瞰しているような感覚を伴っています。一方 closeはある意味はるかに体感覚的。近さが体に感じられる——体に迫ってくるような距離感——のです。いわば animal territoriality（動物的なわばり意識）に基づいた近さ。次の文を見てみましょう。

- He was uncomfortably **close to** (\***near**) me.
（彼は不愉快なほど近づいてきた）

　この文は単に「彼」と「私」の距離について、客観的に「近い」と述べているわけではありません。自分の「テリトリー」を犯された不快感が感じられています。

- They are **close** (\***near** / \***nearby**) friends.
（彼らは仲のよい友達だ）

　今度は逆の例。親密さは客観的な距離とは次元が異なります。テリトリーの境界線を踏み越えた近さ——体感的な近さ——が必要なのです。

## local

住んでいる場所に近い。**地元**。

- I use the **local** library a lot.
  (地元の図書館をよく使います)
- **Local** calls are free.
  (近距離電話は無料です)
- Look — Kate's picture is in the **local** paper!
  (お。ケイトの写真が地元新聞に載ってるよ)

ちなみに最近、近所のサーファーから「俺、ロコなんだよ」と聞いたような気がします。その時は「ふーん。まぁその格好で街を歩いたら loco だろうな」と思ったんですが、よく考えてみると彼は「地元なんだよ」という意味で使っていたような...。「ロコ」は英語ではありません。「地元民」は **local**。お間違えのないように。ちなみに loco はスペイン語で mad のことなんですよ。

## neighbouring

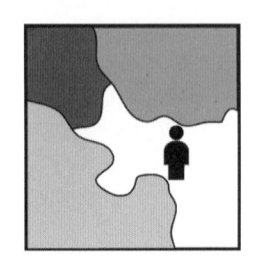

**近隣**。話題となっている地域と境を接しています。neighbouring countries / towns (近隣国 / 近隣の町)などなど。

- Thousands of people from all the **neighbouring** towns came together to protest against the war.
  (付近の町全部から何千人もの人が戦争抗議集会に集まってきた)

**視　覚**

# convenient

「便利」の訳語で有名なこの単語、come together（一緒になる）という由来。そこから近さにつながるのは当然のことでしょう。**すぐに行ける**（within easy reach）という感触。セブンイレブンやローソンがコンビニ（**convenience stores**）と呼ばれるのもこの理由から。どこにでもあってすぐに行けるってことです。

- Living on campus is very **convenient** — it only takes me 2 minutes to get to my office.
  （キャンパスに住んでいるのはとっても便利。部屋まで2分しかかからない）

# handy

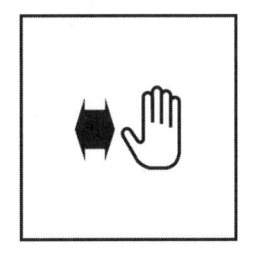

「調法な（**useful**, simple to use）」、「器用な（**skillful**, **dextrous**）」など、「手」のイメージで使われるこの単語、**手元**（**close to hand**）という意味での近さをあらわすことができます。

- Have you got the tickets **handy**?
  （チケット手元にある？）

handy のニュアンスは **I'm ready!** にあります。上の文で、鞄の中をゴソゴソ探しているようでは（「手元」にはあるのかもしれませんが）handy ではありません。すぐに出せる状態かどうかを尋ねているのです。

- I always keep my address book **handy**.

(いつでも住所録は手元においてある)

見たいときにいつでも見られる状態、ということですね。

## adjacent

ad- は (next) to (隣) ということ。「**近く・隣接した**」というこの単語、ラテン語の香りがプンプンしてきます。日常会話ではあまりお目にかからないかも。もちろん書き言葉では結構でてきますけどね。

************************************************************

クリスとビリヤードしていたときのこと。もう1人の友人がミスショットをしたときにクリスが

    Chris:    That shot was quite **adjacent**!
              (すごく近かったねぇ)
    Friend:  What are you talking about?  (え?何て言った?)
    Chris:    Er . . . I mean, . . . just missed.
              (もう少しで入ったのにって)

************************************************************

ははは。日常会話ではちょっと敷居が高い単語であることは間違いないようですね。みなさんも、この単語を使ってちょっとまわりのネイティブの語彙力を測ってみては...。

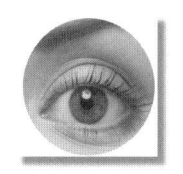

視　覚

① **far** ② **distant** ③ **remote** ④ **isolated** ⑤ **secluded**
⑥ **off the beaten track**

今度は「とおい」。

# far

**遠い**。以上。

- You're too **far** away — come and sit next to me.
  (ちょっと遠すぎるよ。こっちに来て僕の横に座ってごらん)

ちなみにこの単語の比較級(より遠い)には2通りあります。further と farther。距離的な遠さに関してはどちらでも結構。意味のちがいはありません。ですが、比喩的な使い方では further を使います。

- The application of the law was extended **further**.
  (法の適用範囲はさらに拡大された)
- They are going no **further** in their studies.
  (彼らの研究もそれ以上進んでいない)

\*\*\*\*\*\*\*\*\*\*\*\*\*\*\*\*\*\*\*\*\*\*\*\*\*\*\*\*\*\*\*\*\*\*\*\*\*\*\*\*\*\*\*\*\*\*\*\*\*\*\*\*\*\*\*\*\*\*

個人的な意見ではありますが、比喩的に使う場合、FARther（元の far を残した形）と強烈に距離を感じさせるものはちょっとキツいかな、という意識が働いています。

\*\*\*\*\*\*\*\*\*\*\*\*\*\*\*\*\*\*\*\*\*\*\*\*\*\*\*\*\*\*\*\*\*\*\*\*\*\*\*\*\*\*\*\*\*\*\*\*\*\*\*\*\*\*\*\*\*\*

## distant

**very far away**（**非常に遠く離れた**）ということですが、文学的な香りが漂います。distant（距離）はまったくありふれた名詞なのに、形容詞になると雰囲気が変わるのは不思議ですね。

- I could hear the ringing of **distant** church bells.
  （遠くから教会のベルが聞こえた）
- The boat was now but a **distant** spot on the horizon.
  （ボートは水平線の彼方の点となった）

## remote

隔絶された感触。ほとんど誰も行かないし、念頭にすら浮かばないような、遠く離れた場所です。**「それどこ？」って感じ**。場合によっては文明そのものから隔絶しています。

- He used to write his poetry in a **remote** cottage in the Outer Hebrides.
  （彼は人里離れた小屋で詩を書いたものだった）

視 覚

## *isolated*

**距離よりもむしろ隔離感**。法定伝染病の患者が隔離病棟（isolation unit）に移されるように、**isolated place** は他から切り離され（cut off）、ポツンとしているのです。

- The language is only spoken now in a few **isolated** villages.
（その言葉は今ではいくつかの僻地にある村で話されているにすぎない）

## secluded

人がワイワイいるところから離れています。**人目に付きません**。距離というよりもプライバシー（privacy）に焦点。

- Many famous people holiday on this **secluded** island, far from the paparazzis' cameras.
（多くの有名人はこの静かな島で、パパラッチのカメラからも解放され、休日を楽しみます）

上の例文から伝わるように、この単語は remote, isolated と異なり、肯定的なニュアンス。secluded resort と言えばすぐに **luxury**（贅沢)が思い浮かびます。

# off the beaten track

「踏み固められた道 (the beaten track)」から off (離れて)、つまり、**人が行ったことがあまりない(あまり人が通わない)**ということ。

- I prefer to keep away from the tourist traps and discover places **off the beaten track**.
（観光客御用達の店から離れて、あまり人の行かない場所を見つけるのが好きだ）

---

## 近さをあらわすフレーズ

近さをあらわすカラフルな表現を集めてみました。

### ■ to be a stone's throw from （very near）

The apartment **is just a stone's throw from** the station.
（アパートは駅から指呼の間にあるよ）

### ■ on the doorstep （家のすぐ近く）

We have a great Italian restaurant right **on our doorstep**.
（家からすぐの所にすごくおいしいイタリアンがあるよ）

### ■ within spitting distance of （すげー近く）

もちろんインフォーマルな表現です。「つば吐いたら届く」ってことですからね。でも結構耳にするんですよ。

He was **within spitting distance of** Angelina Jolie and didn't even ask for her autograph!
（すぐそばまできたのにサインさえ頼まなかったんだよ）

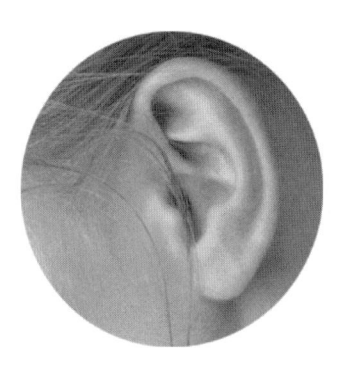

# 聴 覚

# 音(大)

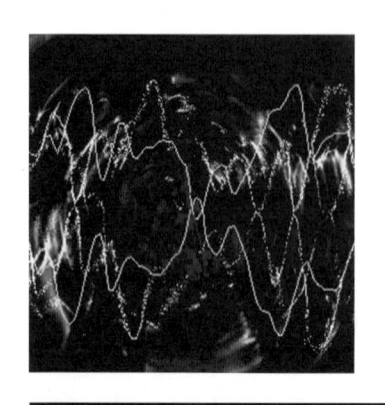

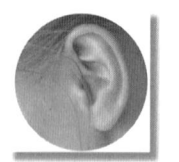

① **loud** ② **noisy** ③ **rowdy** ④ **boisterous**

視覚に比べ、聴覚関連の形容詞はそれほど数が多くありません。これは、聴覚から我々が受け取る情報にはそれほどバリエーションがない、ということなのでしょう。ここでは「音(大)」「音(小)」と、大きく2つに分けてさまざまな形容詞をご紹介することにしましょう。

## loud

「音が大きい」をあらわすもっとも普通の単語。

- Turn that music down — it's far too **loud**.
  (音楽小さくしろよ。大きすぎるから)
- Junko has a very **loud** voice.
  (大きな声をしている)
- Read the letter out **loud**.
  ([みんなに聞こえるように]大きな声で)

loud はしばしば否定的なニュアンスを運びます。OTT（ちょっと行き過ぎ）という感覚。まぁ大きな音はともすれば「**うるさい**」につながりますからね。

聴覚

- Her husband's a bit **loud**, isn't he?
（ちょっとうるさくなーい？）

この文の「ご主人」からは、ブルドーザータイプの人格が想像できますね。ものすごい身振りと大きな声で、レストランに入ったりするとみんなが振り向くタイプ。

- What a **loudmouth**!

loudmouth は声高に自分の意見をいう人、よくいますよね。Listen to meee! ってタイプ。

loud の OTT 感覚は音に留まりません。

- What a **loud** shirt he's wearing!

日本語でも「なんてうるさい色合いなんだろ」とよく言いますよね。Look at meee! って感じの色使いです。単語のもつイメージは感覚領域をまたいで行くんですよ。

# noisy

**不快な大きな音。**普通いろんな音ががちゃがちゃ混ざってます。

- I don't want to go to that pub — it's always so **noisy**.
（あのパブには行きたくないよ、うるさいから）
- The Giants' supporters are incredibly **noisy**, aren't they?
（ジャイアンツのファンはすごくやかましい）

# rowdy

やかましい、ということですが、そこに**危険なイメージ**が重なり

ます。out of control（無秩序）であり rough です。アルコールも多分入っています。すぐに暴力沙汰が始まってしまいそうです。rowdy な集団を見たら、すぐに別の道に逃げてください。たとえそこに 100 円落ちていても、です。

- The police had to break up a really **rowdy** crowd outside Reno's nightclub last night.
（ナイトクラブの外で大騒ぎしている群衆を追い払わねばならなかった）

## boisterous

騒々しいのは同じ。やってることも rowdy と変わらないのかもしれませんが、そこには**朗らかな精神の高揚**が見られます。**lively**, **cheerful**（生き生きした、元気のいい）などと同系列の単語。早慶戦の学生集団を考えればいいでしょうね。

boisterous な集団を見ても逃げる必要はありません。裸で噴水に飛び込む学生さんたちを見学するのも一興でしょう。

- Boys are always **boisterous** but they mean no harm!
（少年はいつも騒々しいもの。ふざけているだけだよ）
- That was a **boisterous** group from the rugby club, wasn't it?
（ラグビー部のグループだよね、あの騒いでた子たち）

聴 覚

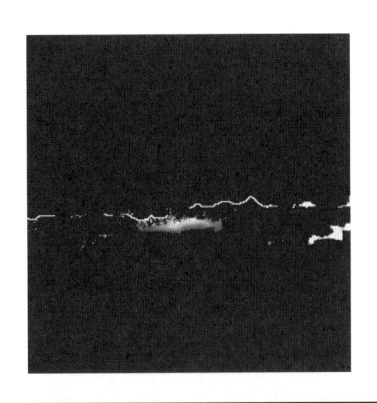

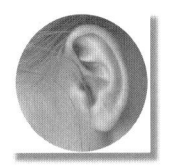

# 音(小)

① silent ② quiet ③ noiseless ④ still

次は「音(小)」。これも数はそうありません。

## silent

make no sound ということ。**音はまったく聞こえません。**

- The crowd fell **silent**.
  (群衆は静まりかえった)
- Please remain **silent** while the prayer is read.
  (祈禱の最中は静かに)

「音を出さない」は、「言わない」「読まない」にもつながります。

- You have the right to remain **silent**.
  (黙秘権があります)
- In Spanish, the 'h' is **silent**.
  (スペイン語では h は黙字)

➡ コミュニケーション ●

## quiet

**音が「あまり」聞こえない**様子。多少の気にならない（undisturbing）程度の音は聞こえるかもしれません。

- It's nice and **quiet** in this hotel.
  （静かでいいね）
- I like **quiet** music.
  （静かな音楽）

「静かに！」は **Be quiet!** です。Be silent! といったらちょっと奇妙な感じ。百恵ちゃんが昔「美サイレント」という歌を歌ってたような気がしますが、気のせいだったんだろうなぁ。どうしても使いたければ **Silence!** を使ってくださいね。
➡ コミュニケーション ⊖

## noiseless

noise に less ですから、もちろん**音がない**ってこと。本来うるさいはずなのに...というニュアンスです。

- A ride in a Rolls Royce is beautifully **noiseless**.
  （ロールスロイスでのドライブは素晴らしく静かです）

本来カーガー音がするはずなのに、noiseless。また、この単語のもつ詩的・文学的な香りにも注意しておきましょう。

- I often wonder at the **noiseless** flight of birds.
  （鳥が音もなく飛ぶのを驚きをもって眺める）
- He worked **noiselessly** throughout the night.

聴覚

（一晩中粛々と作業を進めた）

# still

もともとは「じっと動かずに」という意味のこの単語、**「動かない」から「静か」という意味につながります。**

- The light went down and the audience became **still**.
  （照明が落とされると観客はシーンとなった）

動かない様子と静まりかえる様子がミックスしています。

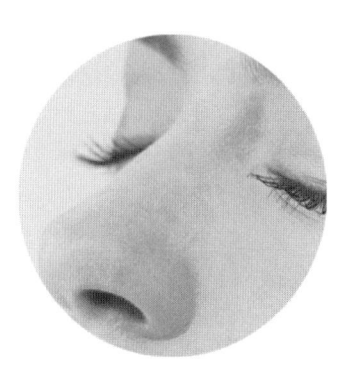

嗅 覚

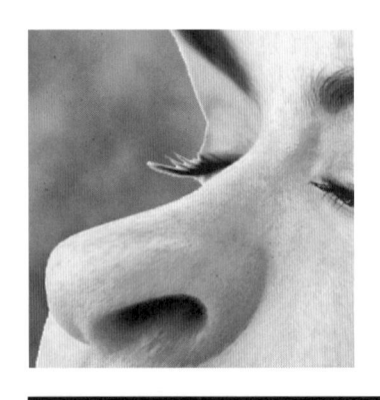

# いやなにおい

**① smelly ② stinking / stinky ③ musty ④ stale ⑤ nauseating ⑥ pungent ⑦ acrid**

まずは不快な方から片づけてしまいましょうか。「臭い」をあらわす単語から。結構なバリエーションがありますよ。

## smelly

smell は中立ですが、smelly は「**臭い**」専門。smelly socks（臭い靴下）は決まり文句。みなさんも聞いたことがあるでしょう？ もちろん smelly とコンビになるのは socks に限りませんよ。

- What a **smelly** bottom you've got.
  （[赤ちゃんに]くさいおちりは誰のかなー）
- It's a bit **smelly** in here ― get some air freshener.
  （ここ、ちょっと臭いな。空気清浄スプレーもってこい）

# stinking / stinky

smell よりも**強烈な臭さ**。非常に不愉快。

- The slums were right next to the **stinking**, polluted river.
（そのスラムは酷いにおいを発している汚い川沿いにある）

# musty

何年も空気を入れ換えていない地下室に入ってみましょう。それが musty のにおいです。何やら**湿った**（damp）**ような、かび臭いような**、そんなにおいですね。新鮮な空気に触れずにいた長い期間が醸成する湿り気を帯びた臭さ、それが musty です。

- They went down to the damp, **musty** basement.
（彼等は湿気たかび臭い部屋に降りていった）

# stale

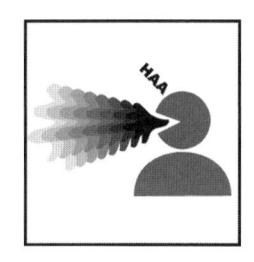

さあ実験です。① 二日酔いの中年男を 1 人用意します。ロマンスグレー系のおじさまは不可。居酒屋の前でゴミになっているような普通のおじさんがいいでしょう。②「はーっ」と息をかけてもらってください。口を開くと何やらねちゃねちゃ音がしておののいてしまいがちですが、思い切って。③ それでもってその息をクンクンします...。それが stale breath。

新鮮でない・きちんと掃除されていない・空気を入れ換えていな

い、その結果の**腐りかけているようなにおい**、それが stale です。air, breath とよく結びつきます。

- I found his **stale** breath repulsive.
（彼の臭い息に吐き気を催した）
- The air in the room was **stale** with all the rubbish left over from the party.
（パーティのゴミがそのままで、空気は淀んでいた）

## nauseating

**吐き気を催すような**。胃袋をかき回すようなひどい臭さです。

- The smell of excrement in the cell was **nauseating**.
（その部屋の排泄物のにおいは吐き気を催させた）

## pungent

日常的によく出てくる単語ではありませんが、ある種のにおいに関してはピッタリきます。ラテン語の pungere は「刺す」ということ。そう、この単語は、ガス、にんにく、十分発酵したチーズなど、**鼻を刺すようなにおい**に使うのです。

- The kitchen was filled with the **pungent** smell of garlic.
（キッチンはニンニクの刺激臭で充満していた）

➡️ 「口」撃

嗅 覚

## acrid

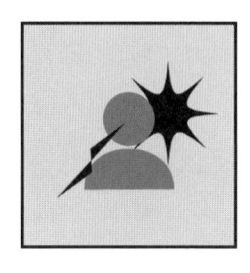

「刺すような」という点では pungent と似ています。しかし、食べ物が腐った程度ではこうしたにおいは作り出すことができません。人工的な有害物質を想起させます。**痛みを伴うほどの**（painful）**鋭い刺激臭**。acrid は toxic（有毒な）と非常に近いイメージをもつ単語なのです。

- The locals complained bitterly about the **acrid** fumes of the burning chemical waste.
（地元民は、化学廃棄物を燃やす際に生じる、ツンと来る悪臭を伴った煙に激しく抗議した）

➡「口」撃

# いいにおい

① **aromatic** ② **fragrant** ③ **fresh** ④ **perfumed** ⑤ **heady**
⑥ **appetizing**

お待ちどおさま。今度はいいにおい。

## aromatic

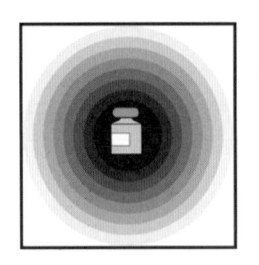

植物、食品、スパイス、オイルなどから発する心地よいにおい。**強さをもった香り**です。

- Fresh basil is deliciously **aromatic**.
 (新鮮なバジルはおいしそうないいにおいがする)

aromatherapy は今では世界的な人気があります。aromatic oil をぬりぬりしてからマッサージ。早くそーゆー身分になりたいなぁ。

嗅 覚

## fragrant

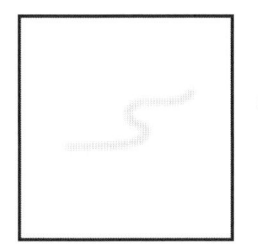

心地よい香りですが、aromatic のような強さはありません。**漂ってくるデリケートな香り**です。花とか、お香とか、軽めの香水とか。

- The hotel room was full of **fragrant** flowers.
（ホテルの客室には花がたくさんあって、とってもいい香り）

## fresh

もちろん「新鮮な」という固有のにおいがあるわけではありません。ですが、何年間も使っていなかった部屋をピカピカに掃除して、窓を開け放ち、空気を入れ換えてください。...ほら、「**新鮮な香り**」がしてきたでしょう？

- I need to clean my teeth — I hate not having **fresh** breath.
（歯を磨かなきゃ。新鮮な息じゃなきゃイヤなんだよ）

→ 新

## perfumed

においが「付けられて」います。そのモノが自然に発するにおいではなく、**人工的に加えられている**ということ。

- I don't like using **perfumed** soap.

（香りつきの石鹸は好きじゃない）

次の heady, appetizing は、smell 系の名詞とよくコンビネーションで使われます。

## heady

heady は、smell, scent, aroma, perfume など、においをあらわす名詞とよく使われます。もちろん字面を見ればわかる通り、**クラクラッとくるような**——ほとんど酔ってしまうような（intoxicating）——**強烈なにおい**を指します。

- The **heady** scent of jasmine filled the garden.
（ジャスミンの濃密な香りが庭を満たしていた）

## appetizing

食べ物に使います。**食欲を刺激するような**ってこと。appetite（食欲）、appetizer（食前酒）などから類推できますね。

- Freshly baked bread always has such an **appetizing** smell.
（焼きたてのパンは、食欲を刺激するようないいにおい）

| 嗅　覚

## さまざまな「におい」

「におい」をあらわす形容詞はあまり多くありませんでしたね。おわびに(?)、におい関連の名詞をおさらいしておきましょう。英語は「におい」にもさまざまなバリエーションをもっているのです。

### ■ smell

「におい」をあらわすもっとも普通の単語。特に「悪臭」を意味するわけではなく、中立的に使うことができます。「悪臭」を意味することもよくありますが、これは日本語と同じ事情。文脈がなく単に「少しにおうわね」と言えば、悪臭を意味するでしょう？

This dish has an interesting **smell** but I can't tell what it is.
(この料理おもしろいにおいがするけど、何かはわからないな)　　〈中立〉
The **smell** in here is enough to knock you out!　　〈悪臭〉
(気を失いそうなにおいがするな)

### ■ odour

smell とまったく同じですが、かたい感触——科学的・専門的——があります。

Sulphur has a distinctive **odour**.
(硫黄は変わった臭気を発する)
Don't you think the new teacher has **BO** (**body odour**)?
(新任の先生、体臭がキツイと思わない？)

### ■ aroma

心地よい香り。しかし *aroma of flowers はちょっと不自然な表現です。aroma はすぐに消えてしまう delicate (デリケート) なものではないからです。あたりに立ちこめる強さ、重さ、分厚さをもったにおい。earthy (素朴な・土臭い) という単語も連想されます。オイルとか、スパイス、コーヒーなどのにおいが典型的です。

The wonderful **aroma** of fresh coffee always gets me off to a good start in the morning.
（入れ立てのコーヒーの芳醇な香りで、一日の快調なスタートを切るのが常である）

## ■ scent

「smell ＋」と考えておきましょう。肯定的感触のある smell です。*bad scent などと使うことはできません。花や香水などなど **delicate** ないいにおいをあらわします。

I love the **scent** of peach blossom.
（桃の花の薫りが好き）

この単語で注意すべきは次の使い方。

The hounds followed the **scent** of the fox.
（猟犬は狐のにおいを追いかけた）

獲物を追いかけるとき、手がかりになるにおい。そういったにおいはあたり一面プンプンしているものではなく delicate（かすか）なものですよね。だから scent が使われるんですよ。

## ■ fragrance

scent と同じ delicate なにおいですが、空中を漂よいあたりに広がる感触があります。fragrance of lilacs/roses などピッタリですね。もちろん香水にも。

Oh, these roses have a lovely **fragrance**.
（このバラ、いい香りだね）

## ■ bouquet

デリケートな aroma。ワインの芳醇な香りに使われます。

By not covering the bowl of the glass with your hands, it will be easy to admire the colour and appreciate the **bouquet** without warming up the wine.
（グラスを手で覆うと、ワインを暖めなくてもその色や香りを楽しむことが

> 嗅　覚

できるよ）

## ■ stink
ひどい悪臭。蒸れた足とか、おならとか、腐った卵とか...。うーむ。

What a **stink**! Don't you ever clean your room?
（何てにおい！　掃除してねーのかよ）

## ■ stench
stink よりもひどいにおい。ドブとかゲロとかクソ（失礼!）とか...。げー。

The **stench** of the hundreds of rotting corpses was too much to bear.
（何百もの腐った死体の臭気は耐えがたい）

味　覚

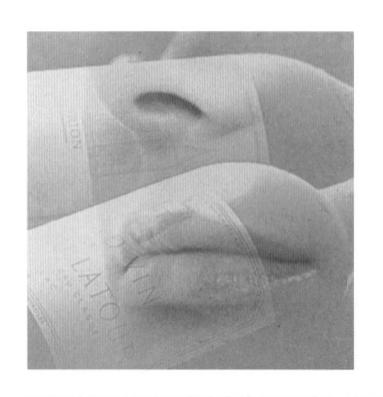

# おいしい

① **tasty** ② **delicious** ③ **succulent** ④ **luscious** ⑤ **scrumptious**
⑥ **yummy** ⑦ **palatable**

　味覚については、「おいしい・まずい」のバリエーションを集めました。まずは「おいしい」からどうぞ。

## tasty

おいしい。特に色合いのない、そのまんまの単語。

- This stew is really **tasty**.
（このシチューおいしい）

➡ 興味 ✪

## delicious

　**very tasty** を意味する、多分最も頻度の高い単語でしょう。ラテン語の delicia（= pleasure）を起源にもちますが、今では「味」（時々「におい」）専門となっています。very delicious と時に耳にす

ることがありますが、**それは避けてください**。この語にはすでにhighly pleasing（非常に喜ばしい）という意味が含まれているからです。

- My mum makes the most **delicious** scones in the world!
（ママのスコーンは世界一）

## succulent

ラテン語の succus (= juice) から。「すごーくおいしい」だけでなく、**みずみずしさ**を同時に感じます。ステーキとか、桃とかプラムなどのやわらかい果物、ロブスターとかカニとかエビとかのシーフードにピッタリ。juicy ですからねー。レストランではときどき、七回忌を迎えたようなパサパサのカニとか出てきますが。その場合はもちろん succulent ではありません。取り替えてもらってください。

- I've never tasted such **succulent** peaches.
（こんなおいしい桃食べたことないよ）

## luscious

**究極のおいしさ**（extremely delicious）。味の天国。思わず飲み込むのをためらって、口の中に留めておきたくなるような味わい。さらにこの単語は、単なる「味」に留まらないオールラウンドな食の楽しみを感じさせます。香り、色、食感などすべてを評価しているの

です。フルーツなどの甘いものによく使います。

- These melons are **luscious**!
（このメロンうっとりするようなおいしさ）

ちなみにこの単語。発音するときに音もよく「味わって」みてください。「ラ」のソフトな感触。「シュ」という音の後続。あたかも口の中で味わっている感じがしてきますね。音からして繊細でおいしそうでしょう？

## scrumptious

**very delicious** ということ。文字数が多いので big word に見えるかもしれませんが、フツーの単語です。luscious のような繊細さをもつ単語ではありません。だって音が「クラン...」ですからね。口の中にほおばってくちゃくちゃしているような音。単に「もっともっと口に入れたい！」という感触。

- Mmm . . . this chocolate fudge cake is just **scrumptious**!
（このチョコレートファッジケーキうまいなぁ）

うーむ。ファッジケーキってなんなんだろ。不二家の苺ショートしか食べんからなー、普段。

## yummy

**主に子供が使います。「おいちー」** ぐらい。おいしいときには

味　覚

Mmm . . . と言うでしょう。この単語、その音に由来している（ように思えます）。

- This apple pie is so **yummy**!
（このアップルパイ、とってもおいちー）

## palatable

この中では**もっともデリシャス度が低い**単語。acceptably pleasant taste（まぁいいだろ程度のおいしさ）を示します。palate（口蓋: 口の上側）にとって不快じゃないってこと。

- Well, this red wine is quite **palatable**, but I wouldn't buy it again.

（うーむ。この赤ワインかなりまともだけど、僕は二度と買わない）

日本人にとっては、この部分が味覚をあらわすというのは非常に奇妙に感じますが、次の文を見てください。納得できますね。

- He has a refined **palate**.　（彼はグルメです）

palate は「飲み込む」という動作と深いつながりがあります。そこを通り過ぎると飲み込むことになりますからね。飲み込む前の最後の関門ってことですよ。そう考えると上の文も納得できるはず。「まずいものは飲み込まない＝グルメ」ということなのです。

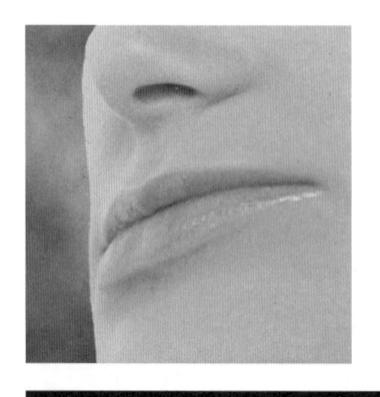

① **tasteless** ② **insipid** ③ **unpalatable** ④ **bland** ⑤ **unappetizing** ⑥ **yucky**

今度は「まずい」です。

# tasteless

最近のトマトです。**味がしない**ってこと。

最近のトマトには昔の味がしませんね。濃厚な草の香りがする豊かな味が。なんだか水の固まりを食べているような気がします。もちろん、not at all pleasant to eat or drink です。

- But this soup is **tasteless** — it's just like water!
 (だけどこのスープは味がないよ。水みたいじゃないか)

誰か昔のトマト作ってくれないのかなぁ。毎日食べるのになぁ。

味 覚

## insipid

ラテン語の in + sapidus (taste) です。文字通りの「味がない」。**ほとんど味がなくて、おいしくない**のです。ラテン語起源の常ではありますが、tasteless よりフォーマルな感触があります。

- Why is chicken so **insipid** these days?
  (なんで最近の鶏肉味気ないんだろ)

➡ 興味 ⊖

## unpalatable

palate が反乱を起こします。**飲み込めないよってこと**。palate は「飲み込む」を司っているんですね、感覚の中では。

- I'm sorry but this risotto is quite **unpalatable**.
  (ごめん、だけどこのリゾット相当まずいよ)

## bland

この語は flat (平たい)で、おもしろみがない、ということ。それが味に使われると、「なんか味付け必要だなぁ」って感じになります。味はありますが、パッとしない (**barely noticeable, nondescript, characterless**) のです。

- This pasta sauce is rather **bland**. Why don't you add some

garlic and Italian seasoning to it?
(このパスタソース全然パッとしないな。ガーリックとかイタリアの調味料入れたら？)

➡️ 興味 ⊖

## unappetizing

**食欲をそそりません。**何もアピールしないのです。

- The food my host served was totally **unappetizing** but I had to eat it.
(おおよそ食べたくなるような代物ではなかったが仕方なかった)

## yucky

yummy の逆。

- The food in England was so **yucky**!
(イギリスの食べ物、すごくまずいよ)

## さまざまな味

におい同様、基本的な味覚語のバリエーションを確認しておきましょう。比喩に富む「味」をいくつか選んでみました。De gustibus et coloribus non est disputandum. (Each to his own taste.) と言われるように、もちろんにおい同様味も個人差があります。死ぬほど「苦い」のが好きな人もいるでしょう。夜な夜なクエン酸をなめている人もいるでしょう(ホントか)。ですがまぁここでは一般的なお話。

### ■ bitter

「苦さ」。sweet の反対語。濃い紅茶の味を想像してください。 それが bitter。

> Oh no, this coffee is far too **bitter** for me.
> (げ。このコーヒー僕には苦すぎる)
> I prefer dark **bitter** chocolate to milk chocolate.
> (苦くて黒いチョコの方がミルクチョコより好き)

もちろん現実には甘さより苦さを好む人もいますが、苦さは――その刺激的な味のせいでしょう――否定的な意味合いにつながることが多いのです。人に使われた場合、代表的なニュアンスは――不当に扱われるなどした――怒り、憤り。

> They were all very **bitter** about being laid off.
> (彼らは皆、クビになったことを非常に憤っていた)
> He became a **bitter** old man with a permanent scowl on his face.
> (彼はしかめっ面の気むずかしい老人になってしまった)

またモノに使われると、「不快で受け入れがたい」となります。苦いものは「飲み込みづらい」ですからね。the bitter truth, a bitter pill to swallow は、それがたとえ事実であったとしても、心情的に受け入れがたい様子をあらわしています。「良薬は口に苦し」、日本語とまるっきり同じ語感で

す。

> The fact that he'd lost his job through his own stupidity was a **bitter pill** for him **to swallow**.
> (自分の愚かさから職を失ったのは、彼にはいい薬になったようだ)

ほかにも bitter experience / disappointment（苦い経験 / 苦い落胆）——苦みが口に残るような感触を伴っています——など、さまざまなコンビネーションを作ることができます。

## ■ tart

ピリッとした (tangy) 刺激的な酸っぱさ。リンゴの酸味をあらわすのによく使われる単語ですが、柑橘系の果物にも使います。

> I like Granny Smith's apples but sometimes they're a bit too **tart**.
> (スミスばあちゃんのリンゴはおいしいけど、時に酸っぱすぎることがある)

tart は比喩的に、発言・コメントなどによく用いられ、その鋭い刺激的な味にふさわしい——人にチクッと突き刺さるような——ニュアンスとなります。

> I was shocked by the hotel manager's **tart** reply to my complaint.
> (ホテルに文句を言ったら、支配人から辛辣な応対をされショックを受けた)

## ■ sour

酸味。レモンとか酢とか。

> You need a bit more sugar in these plums — they're a bit **sour**.
> (もうちょっとプラムに砂糖入れようか。少し酸っぱいから)

さて、ここで問題。牛乳が腐るとどういった味になりますか？ 想像したくはないでしょうが、それは sour。sour は「腐る・劣化する」の象徴でもあります。

> We started off really well but then things began to turn **sour** and

now we don't even speak to each other.
(最初はうまくいっていたのに、だんだんおかしなことになって、今では口もききません)

sour が人に使われると...そうですねぇ、鏡を取り出してレモンを食べてみてください。なんだか雰囲気悪そうな (bad mood) 顔になっていますね。内面が苦々しく腐っている感じ。レモンをずっとなめているような人生を反映しているのです。始終そーゆー顔をしているのが sour person。

It's a pity he's become such **a sour person**.
(彼がひねくれた人間になってしまったのは残念なことです)

人生なにかにつけて運がなく、だんだんと腐ってしまったような感じを受けます。

# ■ acid

みなさんよくご存知の「酸」ですね。very sour ということ。強烈な、不快な味です。ワインなど、飲み物に使われるのが普通。

I find that most cheap red wines have an awful **acid** taste.
(あの一番安いワイン、ひどい酸味がある)

酸のもつ腐食作用(corrosive effect)を想像すれば、この単語が比喩として、発言・コメントなどに使われた際の強さがわかるでしょう。

He attacked his political opponents with an **acid** wit that showed no mercy.
(政敵を攻撃する彼の鋭どい舌鋒には一片の慈悲もなかった)

触 覚

# やわらかい

① **soft** ② **tender** ③ **elastic** ④ **flexible** ⑤ **supple** ⑥ **malleable** ⑦ **pliable** ⑧ **springy** ⑨ **spongy** ⑩ **limp** ⑪ **floppy**

さて LV. 1 最後の感覚は「触覚」。手触り、皮膚感覚は実に多くの単語を含み、またそのそれぞれが豊富な比喩をもっています。まずは「やわらかい―かたい」というペアを眺めてみましょう。その豊かなバリエーションにきっと驚かれるはずです。

## soft

もちろん代表選手は、この soft。もっとも一般的な「やわらかい」です。簡単に形が変わるし、曲がるし、押すとふにっとする、それが soft。

- I prefer a **soft** mattress and soft pillows.
  (やわらかいマットレスと枕が好き)
- Kids love playing around in the **soft** snow.
  (子供は積もったばかりのやわらかい雪で遊ぶのが好き)

もちろん具体的なモノに限りませんよ。

- **soft drinks** （アルコールが入っていない飲み物）
- **soft light** （目がくらむような強い光ではありません）
- **soft water** （ミネラルが入っていません）
- **soft drugs** （強い麻薬ではないということ）
- **soft porn** （すげーシーンがなくて見て損した、ってこと）

ほら、どれもアタリがやわらかですよね。
➡ 寛容　➡ 易

# tender

tender がもっとも活躍するのは、調理された食べ物。すぐに思いつくのは meat（肉）ですね。でも pulses（豆類: lentils［レンズ豆］や chickpeas［ヒヨコマメ］などなど）にも使われます。**やわらかくって食べやすい**ってことですね。

- Mmm . . . This steak is so **tender** and juicy — it melts in the mouth.
  （うーん、このステーキはすごくやわらかくてジューシー。口の中でとろけるよ）

tender のやわらかさは、**ほぐれる**感じのもの。**tender meat** は口の中でスッとほぐれていきますね。うまそー。

# elastic

**輪ゴムみたいなやわらかさ。**力を加えるととびよよよよ〜ん、だけど離すと元にすぐ戻ります。イギリス英語では輪ゴムを **elastic**

**band** と言います(アメリカ英語では **rubber band**)。

- Lycra is a very **elastic** material.
  (ライクラは伸縮自在な素材です)

## flexible

しなやか。**用途に応じて**しなやかに曲がったり、ねじれたり。この単語は「そもそもそういった性質をもっている」というよりも「ある目的のために、そうした具合に作られている」場合にピッタリと来ます。

- This snowboard is very **flexible**.
  (このスノーボードはとても柔軟性に富んでいます)

➡ 易

## supple

これもしなやか。flexible が用途・目的にニュアンスの中心があるのに対して、この単語は**形を変える**に焦点があります。

- Female gymnasts are incredibly **supple**, aren't they?
  (女子体操選手は信じられないくらい柔軟だよね)
- This leather is so soft and **supple**.
  (すごくやわらかくてしなやか)

触覚

# malleable

あまりポピュラーな単語ではありません。**金属の成形**に使われます。成形しやすいってこと。

- Steel is a very **malleable** metal.
  (スチールはとても成形しやすい金属です)

# pliable

malleable と同じですが、**金属より本来やわらかいもの**に使われます。

- This new clay is nice and **pliable** — I've made some beautiful pots with it.
  (この新しいクレイはとてもやわらかくていいよ。きれいな壺を作ったんだ)

➡ 易

# springy

芝生を押してみましょう。手のひら全体でぐーっと。手を離すと元に戻ります。その感覚が springy。**弾力がある**ってこと。

- The new turf on the soccer pitch is very **springy**.
  (サッカー場の新しいターフはとても弾力がある)

## spongy

これは楽勝。**スポンジみたい**なってこと。

- The ground feels very **spongy**.
  (なんか地面がえらくぐちゃぐちゃしてる)

水を含んでぬかるんでいるということです。**sponge cake**(スポンジケーキ)ってのもあるらしいですね。多分食べたことないですが。

## limp

しっかりしてるはずなのに**ヘナヘナ**、ってこと。

- I hate a **limp** handshake.
  (弱々しい握手は大嫌い)

フニッとした a limp handshake は、弱さ・自信のなさを想起させます。

- On hearing the news, her body went completely **limp**.
  (ニュースを聞いて体がへなへなになってしまった)
- The leaves on my plants have all gone **limp**.
  (植木の葉っぱが全部ふにゃふにゃになっちゃったよ)

go の後ろに形容詞がくる多くの場合、それは「悪い方向への変化」を暗示します。go mad(頭がおかしくなる)、go berserk(凶暴になる)などなど枚挙にいとまはありません。come + 形容詞(come true [実現する]など)とは対照的です。この limp が go とうまくコンビネーションを作るところから、そのネガティブなイ

メージが想像できますね。

## floppy

**ヘロヘロっと垂れ下がっています。** ブランブラン。うちの庭に入り込み無断でクソをたれるスパニエルの耳を想像してください。うう。むかつく。飼い主出てこい。

- My mum always wears large **floppy** hats.
  （母はいつもつばがやわらかい大きな帽子をかぶっている）

# かたい

① **hard** ② **firm** ③ **tough** ④ **solid** ⑤ **stiff** ⑥ **rigid**

「かたい」は比喩に満ちた感覚。まずはその基本的感触をしっかりと押さえておきましょう。

## hard

**カキン**！　かたさをあらわすもっともポピュラーな単語。

- The cement will set **hard** within 3 hours.
（このセメントは3時間以内にかたくなります）

- Sorry, the carrots are still a bit **hard**.
（すみません。このニンジンまだちょっとかたいんだけど）

➡ 厳　➡ 難

触覚

# firm

hard のようにコチコチではありませんが、**へなへなフニャフニャ形を変えない、安定感を伴ったかたさ**です。

- A **firm** mattress is better for your back.
  (しっかりしたマットレスの方が背中にいいよ)
- These avocados are too **firm**.
  (このアボガドかたすぎる)

firm のもつ安定感は、**a firm belief**（しっかりした信念：容易に変わりません）、**a firm decision**（しっかりした決定：容易に覆りません）など比喩的使い方も豊富に生み出しています。

# tough

**はねつける**、そうした種類の「かたさ」です。**resistant**（抵抗力のある・耐性のある）に近い語感。

- Don't worry. John's **tough** — he can survive in the worst conditions.
  （[山で遭難した息子を心配する母親に] 大丈夫。ジョンはタフだから。どんな状況でも生き残ることができるはずだ）

tough meat（かたい肉）を噛みしめてみましょう。歯が肉に入ろうとするのをはねかえしてきますね。その感覚ですよ。Hollywood 映画によく出てくる **tough guy** も同じ。強靱な肉体を持ち 100

発殴られてもヘッチャラだし、どんな困難でも跳ね返します。

tough の語感に慣れてくると、次のような使い方も納得がいくはず。「ぜんぜん同情なんてできないね」という使い方。

A: Oh, no. My camera's gone.
B: **Tough!** You should've been more careful.
A: Thanks a lot!
(「げ。カメラ盗まれた」「へっ。注意してなかったからだよ」)

はねつける感覚が生きているでしょう？
➡️ 厳　➡️ 難

# solid

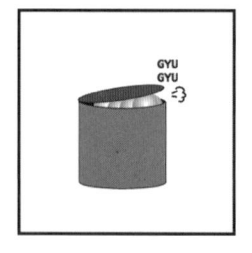

hollow(中がスカスカ)の逆。**中身がぎゅっと詰まってます**。そこからすぐに**かたさ、しっかり感、安定感**が飛び出してきます。

- This house is built on very **solid** foundations.
（この家の基礎は非常にしっかりしている）

a good solid education（しっかりした教育）、solid evidence（確固たる証拠）、すべてはこの「ぎゅ」から生じています。

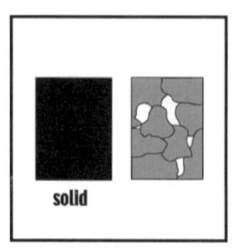

solid でもう1つマークしておきたいのが、**均質感**。ギュッとつまっていて不純物が入り込んでいないという感覚です。**solid gold** とは純金のこと。**solid colour** は無地(ストライプなどの柄が入っていない)のこと。

solid の語感が身につくと、solid man / citizen などの表現に込められた肯定的ニュアン

触 覚

スも理解できるでしょう。いつでも真面目。いつでも誠実。人格に不純物は混ざりこんでいないのです。またガシッと受け止めてくれる、頼れる人間でもあります。

# stiff

**曲がらない**、という意味でのかたさ。

- I prefer a **stiff** toothbrush.
  （歯ブラシはかたいのがいいや）
- Paper is no good — bring me some **stiff** card.
  （紙はダメ。かたいやつもってきて）

この単語、stiff shoulder, stiff neck など体に関して使うことがよくあります。そ、具合が悪くてうまく曲がらないんですよ。

# rigid

**硬直**。曲がらない・変形しない・動かない。

- The flags were attached to **rigid** wooden poles.
  （旗は木の固定支柱に掲げられていた）
- Most airships have a **rigid** aluminium frame.
  （ほとんどの飛行船は、かたいアルミフレームをもっている）

ほら、力を加えても動かないでしょう？　この感触はもちろん、人柄・ルール・システムなどにも広げられます。融通の利かない厳密

さ、厳しさにつながってくるのです。
　■→厳

触 覚

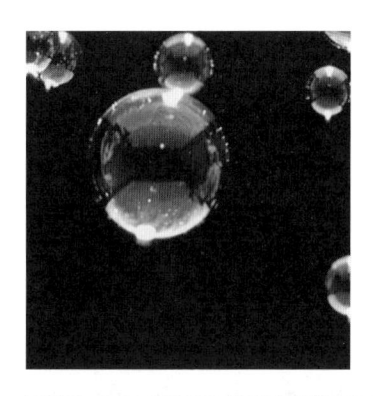

# かるい

### ① light ② lightweight ③ as light as a feather

「かるい―おもい」も重要な感覚ではありますが、light — heavy というこのグループのチャンピオンを除けばあまり見るべき語はありません。重さは人間にとってあまりバリエーションのない感覚だからでしょう。

## light

「軽い」をあらわすほぼ支配的な単語。

- I love these shoes — they're so **light**.
  (この靴軽くて大好き)
- You take this case — it's **lighter**.
  (このケースにしなよ、軽いから)

➡ あかるい

# lightweight

lightweight は、文字通り重さが軽い（lightweight champion など）ですが、多くの場合、**軽さを求めて作られた製品**に用います。そうですねぇ、布地とかバックとか、車などの機械とか。

- This summer suit is made of a new **lightweight** material.
（このサマースーツは新しい軽量素材で作られている）
- These **lightweight** carry-on bags are ideal for air travel.
（この持ち込み用鞄は軽くて、空の旅に最適です）

# as light as a feather

**極端に軽い。**「羽根のように」ですからね。

- You're **as light as a feather**.
（君は体重すごく軽いねぇ）
- This sponge cake is **as light as a feather**.
（このスポンジケーキ、すごく軽いね）

触　覚

# おもい

① heavy ② hefty ③ cumbersome

「重い」も常用域にあるものはそれほど多くありません。

## heavy

「重い」をあらわすほぼ支配的な単語。

- Your case is too **heavy** — you'll have to pay excess baggage.
 (君の鞄は重すぎるよ。超過料金を払う羽目になるだろうな)
- The truck's too **heavy** to cross the old bridge.
 (そのトラックは重すぎるから、そこの古い橋は渡れません)

➡ 難

## hefty

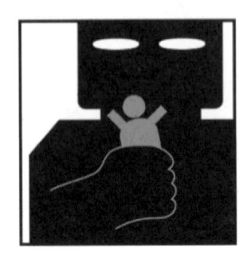

hefty は**重さと同時に大きさが感じられます**。大柄ながっしりした人をあらわすのによく使われる単語。

- I was thrown out of the club by 2 **hefty** bouncers.
(2人のデカい用心棒にクラブからたたき出された)

## cumbersome

重く大きい。**扱いにくい**(動かしづらい)というニュアンスが加わっています。

- The old wardrobe was too **cumbersome** to move so we left it where it was.
(古いワードローブは動かしづらかったので、そのままにしておいた)

> 触覚

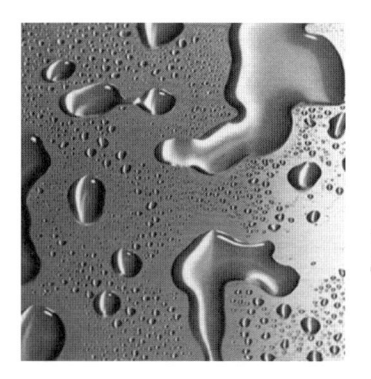

# なめらかなてざわり

**① smooth ② sleek ③ slick ④ glossy ⑤ velvety ⑥ silky**

「なめらかな手触り」、この感覚にも微妙な質のちがいがあり、それが豊かなニュアンスと比喩を生み出しています。

## smooth

「凹凸のない」の代表選手。磨いたり、カンナで削ったりしたようななめらかな感触。

- I found some really **smooth** pebbles in the stream.
  (小川ですっごくツルツルの小石を見つけたんだ)
- The sea is as **smooth** as glass.
  (海は鏡面のように穏やかだ)

➡ 洗練　　➡ 易

## sleek

smooth ということなんですが、その背後に、光を放つような格

好良さ（**stylish**）が隠れています。贅沢（**luxurious**）とも近いイメージ。単になめらかなのではなく**磨き抜かれており人を引きつける**のです。

- I had to admire the panther's shiny **sleek** coat.
  （そのパンサーを使ったコートの輝く毛並みと言ったら）

ほら、さわってみたいでしょう？ 次はどうでしょう。

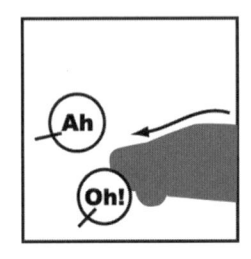

- The new Lamborghini is incredibly **sleek** (and sexy)!
  （新しいランボルギーニは信じられないくらい格好がいい）

ランボは単になめらかなだけではありません。磨き抜かれたデザインなのです。ちなみに sleek が人に対して使われると、余計な脂肪のついていない素敵な体形ってこと。かっこいいですよね。まぁランボも sleek body もわしの人生には無縁であるが。

## slick

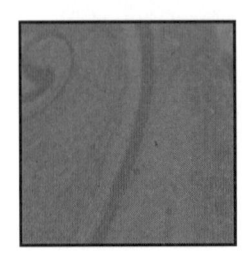

**ツルツル。**もう滑ってしまいそうなくらい。oil と強い結びつきがあります。

- His hair was **slick** with oil.
  （髪がオイルでツルツル）

名詞としても使いますよ。

- Careful! There's an oil **slick** on the road.
  （注意しろ。道に油がもれてるぞ）

触 覚

道路の oil slick。ツルツル感が出ているでしょう？
➡ 洗練

## glossy

やっぱり、ツルツルなんですが**表面の光沢**に焦点が当たっています。

- **Glossy** or matt?
  ([DPE で]光沢にしますか、つや消しにしますか？)
- We use high quality **glossy** paper for our magazine.
  (雑誌には高品質の光沢紙を使っています)

## velvety

この単語の焦点は**触ったときの肌触り**。**ベルベットみたいな**──soft & luxurious な──感触です

- The deer's new antlers are so **velvety**.
  (鹿の新しい角はすごくベルベットみたい)
- Your skin feels so **velvety**!
  (君の肌はとってもベルベットみたい)

## silky

**シルクみたい。** smooth soft & **lustrous**（光沢のある）ってこ

と。

- I just love caressing her long **silky** blond hair.
（彼女の長いシルキーなブロンドをなでるのが好き）

そりゃ「好き」だろーな。

触 覚

# あらいてざわり

① rough ② coarse ③ jagged ④ uneven ⑤ prickly ⑥ thorny

なめらかさとの対極。あらい手触りにもさまざまなものがあります。

## rough

あらい手触りの代表選手はなんといってもこの rough でしょう。木の幹を撫でてみましょう。ほら、それが rough という感触。smooth の対局にあるこの単語は、そうした手触りの総称なのです。

- His hands were **rough** from a lifetime of farm work.
（彼の手は長年の畑仕事でゴツゴツしていた）

ゴルフ好きの人なら、ラフ（fairway の外にある芝がはられていない場所）をご存じでしょう。rough はどのような使い方をしても、そうした手触りを想像させるんですよ。

➡ 野卑　➡ 難

105

## coarse

rough と大変似ていますが、その意味の中心は**粗さ**。そう、この単語は fine の反対語なのです。

fine sand と coarse sand を比べましょう。fine sand は小さな粒がなめらかさを印象づけますが、coarse sand はゴツゴツした大粒がたくさん混ざっています。coarse のあらい手触りは、それが粗いものから成り立っていることに由来しているんですよ。

- This shirt feels very **coarse** — I can't wear it next to my skin.
  (このシャツざらざらしてる。中に何かつけなくちゃ)

➡ 野卑

## jagged

**ギザギザ。**ガラスが割れたときのように、あっちこっちギザギザしています。

- The window's broken, so be careful of the **jagged** edges.
  (窓が割れてるから、気をつけなさい)

触 覚

## uneven

凸凹。**高さなどが「even（そろって）ではない」**ということですよ。

- They've not done a good job on the driveway — it's terribly **uneven**.
（この道きちんと工事してないな。ひどく凸凹してる）

## prickly

prickle とは「棘」。**棘がいっぱいでチクチクチク**、この感触が好ましいモノであるはずはありません。不快で、イライラするような感覚を伴っています。

- I can't stand this woollen scarf — it's too **prickly**.
（このマフラーすごくチクチクして嫌だ）

➡ 難

## thorny

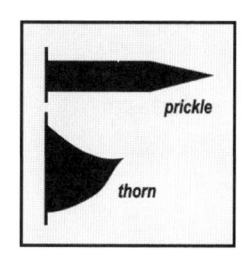

thorn も「棘」。だけど形が prickle とはちがいます。

- He fell headfirst into the **thorny** rose bushes.
（頭からドゲドゲのバラの茂みにとびこんだ）

➡ 難

① **hot** ② **like an oven** ③ **warm** ④ **balmy** ⑤ **lukewarm**

「あつい」「さむい」も触覚の基本です。まずは「あつい」から。

# hot

**高温**をあらわすもっとも一般的な語。

- Careful — the plate's **hot**.
  （気を付けろ。お皿は熱いよ）
- You can't beat a nice **hot** cup of tea.
  （熱い紅茶はこたえられないよ）

hot は非常に多くの語とコンビネーションを作り、「どれぐらい熱(暑)いか」を示します。

- It was **boiling hot** every day we were in Greece.
  （ギリシャでは毎日うだるような暑さだった）
- I like my food to be served **piping hot**.
  （料理はアツアツで出してもらうのが好き）
- Open all the windows — it's **stifling hot** in here.

（窓開けて。ここ、ムンムンしてるから）

piping hot は pipe（楽器）の出す音が、熱い食べ物のジュージュー音（**sizzling** sound）に似ていることから来た表現。**stifling** は「息ができないような」ってことです。他にも **baking**（焼けつくような）, **roasting**（焼けつくような）, **scalding**（やけどするような）, **sweltering**（うだるような；汗だくになるような）, **burning**（燃えるような）など、さまざまな hot があります。カンジで使い分けてくださいね。

## like an oven

「**オーブンみたい**」。もちろんものすごく暑いってこと。場所に使います。その中にいて暑いってことですから。

- It's **like an oven** in this office — how can you stand it?
  （ここはうだってる。どうやって耐えろってんだい）

## warm

これは中学生でも知ってますね。**暖かい**です。比喩的にもよく使われますよ。

- We'll need **warm** clothes when we go camping.
  （キャンプに行くときにはあったかい服が必要だよ）
- She received a very **warm** welcome.
  （大変暖かい歓迎を受けた）

## balmy

これはちょっと複雑。「今日はのどかな・うららかな日だね」といった具合に、陽気について述べる言葉。そこには**気持ちの良い暖かさと共に、やさしく頬をなでるそよ風を感じます。**

- I love to go for a stroll on these **balmy** summer evenings.
（穏やかな夏の晩散歩をするのが大好き）

## lukewarm

否定的な表現です。日本語で言えば「**生暖かい**」くらいかな。

- People say that the British love **lukewarm** beer but it's not true.
（イギリス人はぬるいビールが好きだって言われてるけど、それはちがうよ）

lukewarm は hot さが**足りない**、ということ。この「足りない」感触が「生ぬるい」「中途半端」などといった否定的ニュアンスとつながっています。

- Our proposal received a very **lukewarm** response.
（我々の提案に対する反応は全然パッとしなかった。パチ…パチ…）

触　覚

# さぶい

① **cold** ② **cool** ③ **chilly** ④ **freezing** ⑤ **nippy** ⑥ **frosty** ⑦ **crisp**

次は「さむい」。さまざまな質感のちがいを感じとってください。

## cold

hot の反対。もっとも一般的。日本語の2つの感覚「寒い・冷たい」は英語では cold 一語に統合されています。

- It's really **cold** today.
  (今日はホント寒いね)
- I'd love a nice **cold** drink.
  (冷たい飲み物が飲みたい)

**as cold as ice**, **ice cold**（氷のように冷たい）, **freezing cold**, **stone cold**（すごく寒い・冷たい）など、まとめて頭に入れておきましょう。

- Waiter — this food is **stone cold**!
  (すいませーん。料理すっごく冷たいんだけど)
- The heating's not working, so it's **freezing cold** in the

building.
(暖房きいてないからビルの中はすっごく寒いよ)

## cool

cold ほど寒く・冷たくはありません。**肌に心地よい**という感触。

- It's lovely and **cool** in the shade.
(日陰はすずしくていいよ)
- We're enjoying a **cool** refreshing drink by the pool.
(プールサイドで冷たい飲み物をいただいてます。生き返るよ)

## chilly

**ブルブル震えがくる感覚。**そういった寒さ。

- It's getting a bit **chilly** out here — I think I'll put a sweater on.
(ちょっと寒くなってきたね。セーター着ようっと)

## freezing

freeze はもちろん「**凍る**」。そうした寒さ。

- It's / I'm **freezing**.
(すごく寒いよ)

触 覚

- The teacher made me wait in the **freezing** sports hall for nearly an hour.
(ほとんど1時間も、教師にすごく寒い体育館で待たされた)

# nippy

くだけた表現。**するどく刺すような感触**を伴っています。nip は「(小さな口でプチッと)噛む」ですからね。

- It's a bit **nippy** — let's hurry up and get a fire going.
(ちょっと寒いね。早く火をおこそう)

有名なクリスマスソングに

♪ Chestnuts roasting on an open fire
 Jack Frost **nipping** at your toes
(栗がたき火で焼けている / 冬将軍がつま先を噛んでいる)

# frosty

frost は「霜」。**霜の降りるような寒さ。**

- I love the crunching sound my feet make when I walk on the **frosty** grass.
(霜の降りた草の上をシャリシャリいわせながら歩くのが好き)

## crisp

crisp cracker を食べてみましょう。カリッカリッ。**乾いた歯切れの良さ。**その感触がこの単語の基本。日本の冬は、太平洋側では crisp 。気温は低く乾燥し、晴れ上がり、何やらカリッカリッとした歯切れのいい寒さを感じます。私は好きですよ、とっても。

- I like Japanese winters because there are lots of clear, **crisp** days.
 (日本の冬が好き。雲一つなくカリッとした寒い日が続くから)

### 寒い・冷たいの比喩

「彼、最近冷たいの」。日本語と同様英語でも寒さ・冷たさは距離感・よそよそしさ（unfriendly）の象徴です。感覚のレベルでは英語も日本語もさしてちがいはないんですよ。

Things are rather **cool** between Mayuko and me at the moment.
（真由子との間にはすきま風がふいてる）
Why are you so **cold** towards me — have I upset you?
（なんでそんなに冷たいの。気に障ること言った？）
The secretary gave me a **frosty** smile.
（秘書の冷笑を浴びた）

もちろん距離感は体感温度と比例します。frosty まで来ると「げっ」というレベル。

触 感

# かわいた

① **dry** ② **bone-dry** ③ **parched** ④ **arid** ⑤ **dried** ⑥ **dehydrated**

触感、最後のグループは「かわいた―しめった」です。

## dry

乾燥をあらわすもっとも一般的な語。

- Are your hands **dry**?
  (手は乾いてる？)
- The well is **dry**.
  (井戸は干上がっている)

「雨が降らない」ももちろん dry。

- When is the **dry** season in Bali?
  (バリの乾期はいつだった？)
- The river's running **dry** — we desperately need some rain.
  (川は干上がっている。雨が降らなきゃいかんなぁ)

115

## bone-dry (as dry as a bone)

**totally dry**。**カラカラ**。しっかし、「骨みたく乾いている」なんて日本人の感覚にはありませんね。

- The washing will be **as dry as a bone** with this scorching sun.
(この猛烈な日差しで洗濯物はきれいに乾くよ)

**as dry as dust** も同じ意味で使われます。

## parched

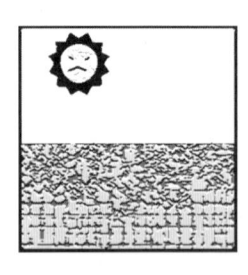

照りつける太陽、まったく降らない雨。**地面はカラカラに干上がっている**…そーゆーイメージ。

- We drove for miles and miles across the **parched** Australian Red Centre.
(カラカラに干上がったオーストラリア内陸部を横切った)

干上がるイメージは、「喉の乾き」にもつながります。

- I'm **parched** — I could murder a beer!
(死ぬほど喉が渇いた。ビール飲みたい)

## arid

乾燥は「**不毛**」につながっています。あまりにも乾いた土地は、

実りをまったくもたらさないから。この単語は very dry と不毛がしっかりと結ばれた単語です。

- How do these people survive in such an **arid** land?
  (どうやってこんな不毛な土地で生きていけるってんだろう)

## dried

人の手がかかっています。「**干した(乾燥させた)**…」ということ。「ドライフラワー」は正しくは dried flower。sun-dried tomatoes (天日乾燥させたトマト)というのもご存じですね。おいしーんだ、これが。

- I love your arrangement of **dried** flowers.
  (ドライフラワーをアレンジするの上手ですね)
- I never use **dried** herbs, only fresh ones from my garden.
  (乾燥ハーブは使わないの。いつでもお庭からフレッシュなのを取ってきて使っています)

## dehydrated

形からすでに意味が明らかですね。「**水気がなくなる**」。人間に使われると、日に当たりすぎて脱水症状ってことですが、食べ物の場合「乾燥食品」となります。専門用語的響きを感じます。

- The poor refugees were **dehydrated** after spending 10 days at sea.
  (10日間海上で過ごした難民は脱水症状を起こしていた)
- Astronauts use **dehydrated** food.
  (宇宙飛行士は乾燥食品を用います)

# しめった

① **wet** ② **soaked** ③ **drenched** ④ **sodden** ⑤ **soggy** ⑥ **damp** ⑦ **moist** ⑧ **humid** ⑨ **muggy**

「しめった」にもこんなにたくさんのバリエーションがあります。上の写真を撮るために私は一足靴をダメにしました。

## wet

湿っている・濡れている、**水を含んだ状態**をあらわすもっとも一般的なことば。

- Your hair's all **wet** — use this towel.
  (君の髪、ずぶ濡れだよ。このタオル使いなよ)
- Don't touch the wall because the plaster's still **wet**.
  (まだ壁にさわっちゃいけないよ。プラスター、まだ濡れているから)

天候に関しても使います。

- It's **wet** so we'll have to eat inside.
  (雨降ってるから中で食べなきゃならんだろうな)
- England has a **wet** climate. (イギリスは湿潤な気候です)

触感

　wet を強調するコンビネーションも頭に入れておきましょうか。ポピュラーなのは **dripping**（ポタポタ滴る）、**soaking**（水に浸ける）、**sopping**（水に浸ける）、**wringing**（絞る）など。

- Look at you, you're **soaking wet**!
  （おやまぁどうしたんだい？　びしょ濡れだよ）
- I left the washing out — it'll all be **wringing wet** now.
  （洗濯物出しっぱなしだ。びしょ濡れだよ、今頃）

## soaked

**水を含んでびちょびちょの状態**。extremely wet。

- Get out of those clothes — they're **soaked**.
  （その服脱げよ。びしょびしょだよ）

比喩的に使うこともできますよ。

- Oxford and Cambridge are **soaked** in history and tradition.
  （オックスフォードとケンブリッジは豊かな歴史と伝統をもつ）

history と tradition にどっぷり浸かっているってことですね。

## drenched

やっぱり**びしょ濡れ**。雨に降られたとか、水に落ちたとか。

- My dog fell in the pond and got **drenched**.
  （僕の犬、池に落ちてびしょ濡れになった）

- The marathon runners were **drenched** in sweat.
  （マラソン選手は汗びっしょりだった）

## sodden

**ぐちゃぐちゃ**。やっぱり extremely wet ということなんですが、重さ、時には**台無しになった感触**まで感じられます。

- It was difficult walking along the **sodden** paths.
  （ぐちゃぐちゃの道を歩いていくのは大変だった）
- After the floods we returned home to find all our belongings filthy and **sodden**.
  （洪水が来た後、家に戻ったら、何もかも汚くぐちゃぐちゃになっていた）

ほら、元々ちゃんとしていた path や belongings が「損なわれて」いるでしょう？

## soggy

水気を含んだ**べちゃべちゃ**状態。アップルパイを作ろうとして失敗しました。具を入れる前にちゃんと blind bake（具を入れずに高温で生地を焼き水気を通さないようにすること）せずに、そのまま入れてしまったので、オーブンから出してみたら底の部分が水気を吸ってしまってべちゃべちゃ状態。あぁぁぁぁ...という感じ。

- Oh, no — my pastry has turned out all **soggy**!
  （げ。生地がべちゃべちゃになっちゃった）

触 感

## damp

**じっとりじめじめ**。不健康（**unhealthy**）、冷たい（**cold**）、不快な（**unpleasant**）などの感覚を伴います。

- It's good to iron shirts when they're still **damp**.
  （シャツが湿ってるときにはアイロンかけるといいよ）
- This **damp** weather is terrible for my arthritis.
  （じめじめしてると関節炎にこたえるんだよ）
- My old house is cold and **damp**.
  （僕の家は寒くてじとーっとしている）

## moist

肯定的なイメージをもつ単語。**ちょうどいい湿度**です。

- This sponge cake is lovely and **moist**.
  （このスポンジケーキ、ほどよくしっとりしてるわね）
- Keep the soil nice and **moist**.
  （土は乾かしたりしないように）

## humid

**hot & wet**。暑くてじめじめした天候を指します。

- This **humid** weather is killing me!
  （蒸し暑くてうんざりだ）

# muggy

humid よりもくだけた言い方。やはり**不愉快さ**が強調されています。

- It's so **muggy** today, isn't it? I've already changed my shirt twice!
（蒸し暑いねぇ。もう2回もシャツを着がえたよ）

---

### wet を使った表現

このグループの代表選手、wet には実にカラフルな使い方があります。次の文、意味がわかりますか？

a. Don't be so **wet** — just tell him what you think and have done with it.
b. Most states in the US are **wet**.
c. He believes everything they tell him — he's still **wet behind the ears**.

ちょっとむずかしいですね。a はイギリス英語ではポピュラーな表現です。weak という意味なんですよ。「弱気になるな」ってこと。濡れた紙袋を想像してくださいね。強くないでしょ。b は「アルコール売買が許されてる」。もちろん液体がしみ込んでるってこと。c はちょっとむずかしいですね。「未熟」です。生まれたての動物は耳の後ろが最後まで濡れているからですよ。個人的に私がよく使うのは次の表現。

Don't be such a **wet blanket** — they're only having fun.
（おいおい野暮は言うなよ。あの子たち楽しんでるだけなんだから）

火に濡れ毛布をかけるのを想像してください。せっかくの楽しみを台無しにする人ってこと。実によくわかる感覚ですね。

# LV. 2

フィールド

## LV.2へようこそ

LV.2では、「賢」「複雑」「重要」など使用頻度が高く使い分けもむずかしいグループを、「知性」「印象」「対人関係」「判断」の4つのフィールド(領域)に分けて解説します。多くの形容詞が本来持っている表情が生き生きと見えてくるはずです。LV.1で培った身体感覚もしばしば顔をのぞかせますよ。お楽しみに。

## 知性のフィールド

① **intelligent** ② **bright** ③ **brilliant** ④ **clever** ⑤ **smart** ⑥ **wise**

　知性のフィールド、まずは賢愚から始めましょう。賢さ・愚かさは「あかるい・くらい」と近しい関係にあります。「きらめく知性」「暗愚の王」など、日本語とまったく同様のことが英語にも起こっているのです。

## intelligent

　ここで紹介する単語の中では、もっとも深さを感じます。**深い思考力・分析力、そしてそこから生まれる問題解決能力や新しい状況に対応できる能力**を指しています。こういった能力はどんな学校に行ったのか、どんな職業についているのか、家のリビングは何十畳かなどとは一切関わりがありません。

- He may be well-educated, but he's not **intelligent**.
（彼は良い教育を受けているかもしれないが、知性がない）

　良い学校に行っても知性のない人はたくさんいますよね。ちなみに IQ は intelligence quotient の略ですが、intelligence の本来もつ深い語感とはかけ離れています。IQ の高さはインテリジェンスを

知性のフィールド

保証しません。最後に名詞を使った例を。

- "Use your **intelligence**, boy!" — my teacher often shouted when I said I couldn't solve some problem.
(知性を使えよ。先生はゆった。あーむかつく)

# bright

**精神が活発に動いている感じ**がします。聡明な子供は、何気ない仕草の中に、チラッ、チラッと内部から漏れ出る知性の閃きが感じられるものですね。bright は、修練によって鍛え抜かれたものというよりは、生まれついての気質・潜在力について述べる表現。ですから子供にだって使うことができるのです。

- Keiko is an extremely **bright** child — I'm sure she'll go far.
(恵子はとても聡明な子供。かなりのところまで行くよ、きっと)

➡ あかるい

# brilliant

物理的な明るさ同様 bright よりもさらに程度が高くなります。滅多にない際だった知性や才能、そう、賞賛せずにはいられないような**トップレベル**を指すのです。

- He is a **brilliant** mathematician.
(すばらしい数学者だ)

もちろん lawyer（弁護士）、pianist（ピアニスト）、surgeon（外科医）でもなんでもかまいません。

日本語でも英語でも「頭がいい」という単語は皮肉によく使われるように思えます。

- Whose **brilliant** idea was it to come here then?
  （ここに来るってのは、どなた様の素晴らしいアイデアだったんでしたっけ）

新しいレストランに行って大失敗したとき、こんなこと言ったりしませんか？ とびっきり上等な単語をロクでもない状況に使うのは、皮肉の基本テクなのです。

➡ あかるい

## clever

私の友人の山田紀夫は、とても器用（**skilful**）。「山田ぁ、エンジンかかんないんだけど」「あ。それ？ ちょっと見せて。ふーん。ちょちょいのちょい。あーもーかかるよ」「山田ぁ、このパイプ水が通らないんだけど」「あ。それ？ バカだなぁ、大西は。貸してみ。ちょちょいのちょい。あーもー大丈夫」。

clever の賢さは、山田と同種のものです。**mentally skilful**。普通の人が頭をヒネるような状況で、何事もないようにパパッと問題を片づけていきます。「これどういうことかな」「あ。それ。それは...だよ」。答えにしろジョークにしろ、あたかも口の中に答えがあらかじめ入っていたかのように、ポンポン即断即答。**理解の速さ、アイデアの豊富さに裏打ちされた、ずば抜けた QUICK! さをもっ**

**ている**ということです。

- Gosh, how did you do that? That was so **clever**.
  (お。どうやってやったの。すごいねぇ)

この単語も、マイナスのイメージで使われることがよくあります。

- You think you're so **clever**.
  (頭いいと思ってんでしょ)

最後に皮肉の例。

- Oh, you left the tickets at home — that was **clever**.
  (ふーん、家に切符おいてきた。頭のいいこって)

## smart

clever と smart と比べると、車好きの私としてはいつも VW と Lamborghini を思い出します。VW は実用車としては必要十分だけれど、Stylish! って感じじゃないですよね。一方 Lamborghini には無類の上質感、磨き抜かれたセンスがあります。smart は clever に比べて一段と**洗練された趣**があるのです。sleek intelligence って感じかな。

smart の知性の有り様は、**抜け目のなさ**(**shrewd**)、**洞察力**(**acumen**)と一脈通じています。ものごとを洞察力鋭くあらゆる角度から吟味し、いつでも **well-prepared, on the ball**(よく準備ができた・抜かりない)なのです。そして何か事が起これば、誰よりも迅速に対応します。Never behind! それが smart ということなのです。

- She's a very **smart** business woman. (賢い OL)

- That was a **smart** move to buy those shares when they were down.
（安いときに株を買ったのは賢かったねぇ）

こうした人を出し抜くなんて（**outsmart**）夢にもできません。実際次の文にもっともふさわしいのは smart（intelligent はもちろん、bright, brilliant もしっくりきません。clever は OK かな）。その理由がもう理解できますね。

- You really think you can fool her that easily? She's far too . . . .
（本当に、そんなに簡単に彼女に勝てるとでも思っているのかい。彼女は君が考えているよりよほど...）

マイナスの使い方としては、**smart-alec**（イギリス英語）、**smart-ass**（アメリカ英語）などを耳にしたこともあるでしょう。どちらも **cocky** タイプの人に対して。「生意気・自信過剰・鼻にかけてる」というニュアンスで使われます。

## wise

wise（賢い）は資質ではありません。wise とは**長年の人生経験と深い理解力によって醸成される力、見識**（wisdom）**・判断力**。「賢者」のイメージがピッタリきます。実際 this wise old man（woman）...などといった言い回しはよく聞かれるところですね。

wise は生得的な（**innate**）能力ではなく獲得された（**acquired**）能力ですから、若い人に使うことはでき

知性のフィールド

ません。

- He is **wise** beyond his years.
（年の割には賢い）

という文からも、若い人間が wise、というのは例外的であることがわかるでしょう。

- The chief always seeks advice from the **wise** old men of the tribe.
（酋長はいつも部族の年老いた賢者に意見を求める）

おもしろい言い回しを紹介しましょう。

- **Wise up**, will you? Don't you see he's ripping you off?
（もうちょっと賢くなったら？ ぼられてんのがわかんないの？）

**get wise, wise up** は「(不愉快な事実に)気がつく」という意味。wise が獲得する性質であればこその使い方ですね。Grow up!（大人になれよ）に近い味わいです。

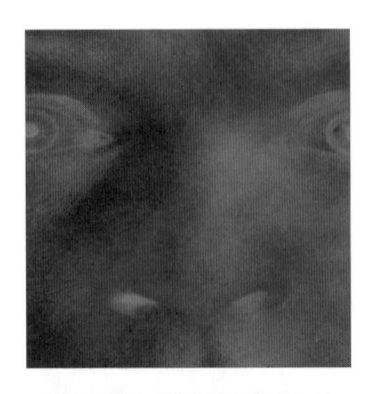

愚

① stupid　② dull　③ dim　④ unintelligent　⑤ dense　⑥ thick
⑦ dumb　⑧ simple　⑨ retarded　⑩ naive

愚かさとは、知性の光が見えないこと。「くらい」で紹介した単語も出てきますよ。

## stupid

intelligent と対照をなす頻出語。

- This child is **stupid**.
  （こいつは馬鹿だ）

もちろん stupid なのは人だけではありません。行動や発言などにも使えます。

- Don't act **stupid**, you can't fit 15 people in a Mini!
  （あほなことするな。15人はミニに乗れんだろ）
- How could you make such a **stupid** mistake?
  （よくそれだけ馬鹿なミスができたもんだ）
- It was **stupid** of me to lend Ken all my savings!

知性のフィールド

（ケンに貯金全部貸すなんて、なんてばかげたことしたんだ）

stupid はよく使われますが、吐き捨てるような強さがあります。そのため怒り・フラストレーションの表出にぴったりなのです。

- This **stupid** car — it never starts when I want it to.
  （このバカ車。肝心なときには動かない）
- You **stupid** idiot!
  （このバカ野郎）

さて、それでは他のお馬鹿さん仲間を見渡してみましょう。うーむ。いろんなタイプがあるもんですよねぇ。

## dull

頭の中には光りを投げかけるものがほとんどありません。目を凝らしてやっと見える程度の明るさです。欠乏感が顕著なこの単語は、**回転の鈍さ、きらめきのなさ**を暗示します。もももももーっという感じ。

- He's too **dull** even to understand the simplest instructions.
  （鈍すぎて何も指示を理解できない）
- What a **dull**-witted fool!
  （なんて鈍いバカ!）

ちなみにこの単語、刃物に使われると「なまくらな (not sharp)」という意味です。ここからもこの単語のもつイメージがつかめるでしょう。

➡ くらい　　➡ 興味 ⊖

## dim

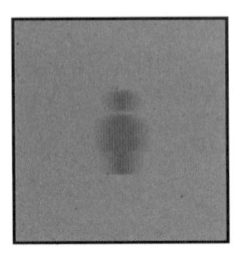

暗くてハッキリ見えない、これが dim。**何かを理解したくてもできない**、悲しいことにそれがこの人の限界なのです。頭の dimmer-switch が「暗」に固定されたままぶっ壊れてしまったんです。絶対「明」にならないんです。

- Tom is a bit **dim**, isn't he?
  (ボケだよな、トムって)

➡ くらい

## unintelligent

intelligent の逆。以上。

- My problem is I'm surrounded by **unintelligent** assistants.
  (問題はね、私のアシスタントが皆知力を欠いているということなんだよ)

知性のフィールド

## dense

dense は「濃い」。密度高く集まっていることを示します。**頭の中に濃い霧（dense fog）が立ちこめている**ところを想像してください。何かを理解しようったってクッキリと見えたりはしないのです。

- Don't even try explaining it to him — he's far too **dense**.

（説明しようとしたって無理だよ。霞かかってるんだから）

- God, you're so **dense** at times.
（お前、時々ホントにわけわかんねぇなぁ）

## thick

イギリス英語で。thick は「厚い」。dense に近いイメージですが、こちらは**頭蓋骨が「厚い」**わけ。情報がなかなか脳味噌に届きません。むごい。

- He's so **thick** sometimes, he drives me crazy.
（どきどきホントにぼけてるんだよ、ヤツ。イライラするぜ）

➡ ほそい・ふとい

## dumb

アメリカ英語。よく使われるので解説しないわけにはいきません

が、悲しむべき単語です。口がきけない人の出す音声がこの単語には重なっています。

この表現にはイライラ感があります。イライラするような理解力の無さ！　ですから軽蔑的な発言でよく出てきます。

**脳味噌使っていない**、これがイメージです。

- God, how **dumb** can you get!
  （あきれたな。どこまでバカになれるってんだい）
- I'm sorry. That was such a **dumb** thing to say.
  （ごめんなさい。バカなことを言ってしまいました）

「脳味噌使わない」には、「わざと（deliberately）使っていない」ケースもあるんですよ。

- Don't act so **dumb**. I know you understand very well.
  （わかんないふりするなよ。ちゃんとわかっているくせに）

## simple

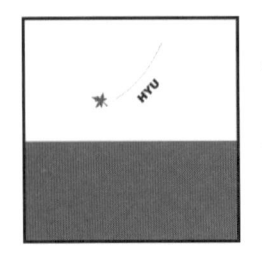

この単語が想起させる脳内の情景はバカにつながっています。**どっか何かが欠けてる**、という感触。**village idiot**（まぬけ・田吾作）って感じがします。

- Don't mind him — he's a bit **simple**, that's all.

（気にするなよ。あいつはちょっとぬけてるだけだよ）

あ。この意味の simple は **a simple guy** などと前からの修飾に使ってはいけません。それだと「素朴な人」になってしまいます。

➡ 単純　　➡ 易

知性のフィールド

# retarded

学習能力に問題のある人。イメージは**おそい**。理解が遅く多くの場合 special care and attention を必要とします。

- Many schools have special programmes for mentally **retarded** kids.
（多くの学校では知的障害児のための特別課程を用意している）

注意しなければならないのは、多くの人は mentally retarded という表現を避けるということです。公的な書類や機関で目にすることがあるにせよ、です。with special needs, with learning disabilities などと言い換えるのが普通。また、retarded の名詞 **retard は、非常に不快な表現**です。使うのは控えてください。

- Get out of here, you **retard**!
（出てけ、このうすのろ）

# naive

naive はここで紹介した他の単語と少し趣を異にします。知能の問題ではなく、「人生・世間に対する知性の欠如」とでも言った方が正確でしょう。

naive は**甘ちゃん**ということです。人生経験が薄く、裏を見通す力がないのです。何事も face value でしか判断できず、たやすく人を信じ込んでしまいます。騙されやすく利用されがちな人。それが naive な人なのです。

- Only a **naive** person would get involved with those people.
（ナイーブなヤツだけがあいつらみたいな人間と関わるものだ）

「彼の瞳の輝きが好き」。恋する乙女はよくこんなこと言いたれます。だけどよく落ち着いて見てくださいね。たいていはビー玉の輝き。何にも入ってないから光ってんだよ、それは。

知性のフィールド

# 理解 ✚

① **clear** ② **lucid** ③ **evident** ④ **obvious**

知性のフィールド、次は「理解」に関わるグループです。「理解しやすい、明瞭な」...このグループにある多くの語が「あかるい」と深く関わっているのは不思議ではありません。光が差し、「見える」状態になっているということだからです。

## clear

このグループでもっとも一般的なのは clear です。clear day を想像してください。雲ひとつない真っ青な空。このように clear は**視界を妨げる障害物がない**ことを示します。ここから理解と深く結びつくのですよ。

- The instructions are perfectly **clear**.
  (指示は完全に明快です)
- I want to make one thing **clear**.
  (はっきりさせておきたいことが1つある)
- It's not **clear** to me why we're having this meeting.
  (なぜ僕たちがこのミーティングをやっているのかわからない)

ちなみに、ものすごーく寒くて、ピーカンの日。こんなときネイティブは It's fine.（いい天気）を避けて It's a clear day. と言います。fine では「いい」感触になりすぎてしまうからですよ。さぶいのに。

## lucid

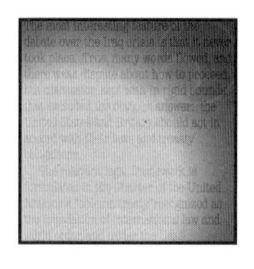

　この単語はラテン語起源。光をあらわす lux からきています。文学的には「光り満ちて」という意味なんですよ。でも日常英語では理解と深く結びついています。

　lucid の力点は論理的整合性・内容の組み立てにあります。**明晰ということ。**ですから、説明・描写・スタイルなど表現にからんだ使い方がその中心になります。

- What a beautiful **lucid** style Chomsky has!
  （なんと明快なスタイルであることか）
- Onishi's analysis of English grammar is so **lucid**!
  （大西の文法分析はなんと明瞭であることか。へへっ）

## evident

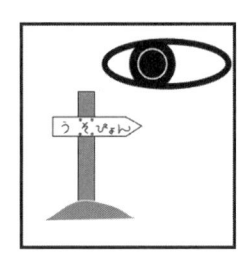

「明らか」ということなのですが、**目に見える**がポイントです。結論への、理解への目に見えるサインが出ているということです。

- It was **evident** even to the most stupid person that she was lying.
(どんなにバカでも彼女が嘘ついているのはわかるよ)

彼女が嘘をついているを示すあきらかな「サイン」があるということ。ちなみに私は嘘をつくと無意識の間に鼻に手をやるそうです。

この単語の名詞形 evidence は法律上の「証拠」という意味がクローズアップされていますが、もっと広く使えます。「結論・理解に導くモノ」という意味なんですから。

## obvious

努力なんていりません、**簡単にわかりますよ**、ということ。言外に「これがわかんなかったらあんた、そーとーやばいよ」という気持ちが見え隠れします。

- The answer's **obvious**, isn't it?
(答えは明らかだよね)
- It's **obvious** we're not welcome here.
(歓迎されてないのは明らかだな)

# 理解 ➊

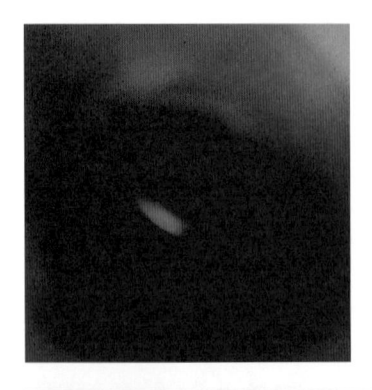

① **dark** ② **obscure** ③ **vague** ④ **ambiguous** ⑤ **enigmatic** ⑥ **mysterious**

理解を阻むのは暗さです。

## dark

enlighten (教え導びく)する light がありません。ここから**何かが隠されている**イメージにつながります。ミステリアスで、時に不法、不吉な感触もしてきます。このイメージによって dark は hint (暗示)、secret (秘密)、threat (脅迫)などとピッタリのコンビネーションを作ります。

- I couldn't fully understand his **dark** hints but they chilled me to the bone.
  (彼の不気味なほのめかしを十分理解したわけではないが、ぞっとした)

次のような表現も覚えておきましょう。

- I didn't have a clue what they were planning. They **left**

> 知性のフィールド

**me** completely **in the dark**.
（何を計画しているのかまったくわからなかった。蚊帳の外に置かれたんだ）

→ くらい

## obscure

ラテン語の obscurus（暗い）からきた単語。はっきりしない・不明瞭なということですが、そこに**フラストレーション**を感じ取ることができます。

- Paula didn't want to talk about her exam for some **obscure** reason.
  （試験について話したくなかったらしいんだけど、理由がはっきりしないんだ）

どう考えても彼女が話したくない理由は、見あたりません。ですが彼女は話さないのです。**WHY?**

- The entire village was wiped out by some **obscure** disease.
  （その村は正体不明の病気によって全滅した）

いくら調査してもその病気の正体はわかってきません。**WHY??**「どう考えてもハッキリしない」、そうしたフラストレーションが感じられる単語なのです。最後に次の文を差し上げましょう。きっとそこに obscure が使われている理由が手に取るようにわかるはず。

- The mechanic checked every part of the engine but for some **obscure** reason it still wouldn't start.

（メカニックはあらゆるエンジン部品をチェックしたが、依然としてかからない。原因不明だ）

## vague

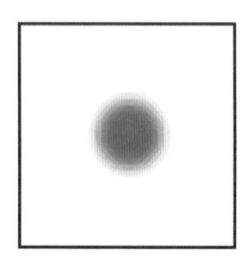

dark, obscure には情報が暗さによってブロックされている感触がありますが、vague はその情報そのものが**ぼやけている**ことを示します。ぼやけていて理解ができないのです。正確さの欠如、考え抜かれていない・細かな検討を欠いている、などが暗示されます。当たり前ですね。ぼやけてんだから。

- I haven't the **vaguest** idea of what this book is about!
（この本の内容が全然わかんないよ）
- I find the wording of my contract far too **vague**.
（契約書の文言はまったく正確さを欠いている）

## ambiguous

いつでも「2」が意識されています、ambi-ですからね。**ambivalent**（両価的な）、**ambidextrous**（両手利きの）、子鹿のアンビ。あ、バンビか。「あいまいな」と訳されますが、**2つの可能性**が理解をむずかしくしているのです。

- He's being deliberately **ambiguous**, just to annoy us.
（困らせるためにわざとあいまいに言ってるんだよ）

## 知性のフィールド

## enigmatic

enigma は、大きな**?**。**深い複雑性**を感じさせるシリアスな単語。だから次のようには使えません。

- *This is an **enigmatic** jigsaw puzzle.

ははは。ヘンでしょう?

- I don't think I'll ever really get to know him — he's so **enigmatic**.
  (彼を知るときがくるのかな。本当に謎だよ、彼は)

これなら大丈夫ですね。

## mysterious

この単語には「**あれ!?**」という wonder と「**知りたい**」という desire が混在しています。その解明に心が引かれるのです。

- He was captivated by her **mysterious** beauty.
  (彼女の不思議な美しさの虜になった)

彼女の美しさには何か理解を超えたものがあります。そしてそれを知りたいという欲求から彼は離れられなくなっています...うーむ、わしにもかつてこんな時代があったなぁ。

**① interesting ② absorbing ③ riveting ④ intriguing ⑤ tasty ⑥ spicy ⑦ juicy**

知性のフィールド、最後は「興味」を取り上げましょう。このグループの周辺部には「おいしい」が絡んできます。

## interesting

このカテゴリーではもっとも普通の単語。**頭を知的に刺激する、駆り立てる、という感触。**

- I read a really **interesting** book at the weekend.
  （週末本当に面白い本を読んだよ）
- She's not only beautiful, she's also a very **interesting** young woman.
  （彼女は美しいだけではなくとても興味深い女性だ）

> 知性のフィールド

## absorbing

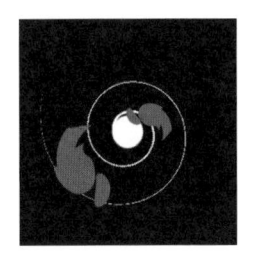

absorb（吸収する）。もう absorbing のニュアンスはわかりますね。**あなたを吸いつけて離さない**、ってこと。

- My kids find the Harry Potter books totally **absorbing**.
  （子供にはハリーポッターが面白いようだ）
- He told us **absorbing** tales of his travels.
  （面白い旅行話を聞かせてくれた）

## riveting

日曜大工全盛の昨今ならリベットをご存知の方も多いでしょう。そう、金属を留める「鋲」のこと。「**釘付けにする**」ってことですね。目をそらすことができない感じ。

- What a **riveting** performance! Congratulations!
  （すごいパフォーマンスだったよ。おめでとう!）

クリスは、私の講演会の後いつもこうした感想を言ってくれます。そのたびに私は、「本当に正直な人なのだなぁ」と感心しています。

## intriguing

好奇心をかき立てるという意味で interesting なのです。そこには**ミステリー感覚**が付きまとっています。

- The Nazca lines are most **intriguing**.
 (ナスカの線画は非常に興味深い)

## tasty

tasty は news と相性のいい語です。そうですねぇ、特に写真週刊誌のネタになるような **gossipy**(ゴシップ絡みの)、**scandalous**(スキャンダラスな)、**sexy**(性的な)タイプのニュース。みんな好きですからねぇ。こーゆーの。

- This magazine is always full of **tasty** stories about the rich and famous.
 (この雑誌はいつも有名人の「おいしい」ネタが満載だ)

➡ おいしい

## spicy

スパイスが効いてます。**刺激が強い**ってこと。**rude**(際どい)、**shocking**(ショッキングな)、**risque**(猥褻な)、そういった内容を指します。発言とか、お話とか、噂とか。

- This comedian's jokes are a bit too **spicy** for me.
 (このコメディアンのジョークはちょっと私には刺激が強すぎる)

知性のフィールド

## juicy

これも gossipy, scandalous タイプの情報。ヒタッヒタッと**「面白汁」が滴っている**ような感触です。

- I just heard a really **juicy** bit of gossip about Sarah. Listen!
  (ちょっとちょっと。サラの面白い話を聞いたのよぉ)

# 興味 ➊

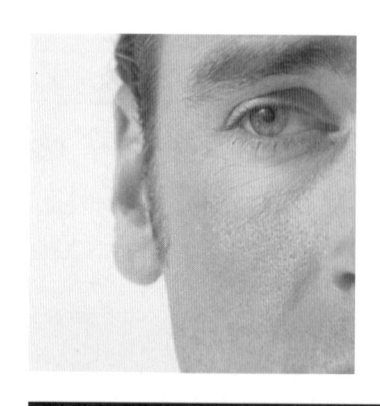

**① boring ② bland ③ insipid ④ banal ⑤ dull**

「興味がそそられない」グループ。「まずい」にあった語もいくつか顔を出しますよ。

## boring

興味がわかない、を意味する最も普通の単語。**何の刺激も感じられない**ということ。

- My English teacher is so **boring**.
  （私の英語の先生はつまらん）
- This film is really **boring**.
  （この映画、退屈だ）

知性のフィールド

## bland

「**ふつー**」ってこと。**just ordinary**。パッとした特徴もなければ、興奮もない。平々凡々。…つまらん。

- His speech was full of typically **bland** remarks designed not to ruffle any feathers.

(彼のスピーチは波風を立たさぬため、凡庸な文句に終始した)

➡ まずい

## insipid

**心を駆り立てるものが何もない**(**unstimulating**, **uninspiring**, **unexciting**)、ってこと。味がないってことですからね。

- My daughter's going out with this really **insipid** guy.
  (娘は本当に面白みのない男と付き合っている)
- Why should I waste my time listening to such **insipid** lectures?
  (なぜこんな気の抜けた講義で時間を浪費しなくちゃならんのか)

➡ まずい

# banal

「ある日宇宙人が攻めてきました。正義の味方が立ち上がり紆余曲折の末宇宙人を倒します。ついでに助け出した美女と最後にチューします」。次の展開が読める、**何の新鮮みもない陳腐さ**！ こんな映画を観たときの心の動き、それが banal です。

- I find most of the gallery's new exhibits **banal** and uninspiring.
（このギャラリーの新しい展示品のほとんどは陳腐で勢いがないと思う）

# dull

光なくどんより。まったく心動かされるものがなく、**ただただどんより**。ああ欠乏感。

- My work is so **dull** — the same old stuff day after day.
（仕事、だりーよなぁ。同じことばっかり、毎日毎日）

- You need some new friends — these guys are so **dull**!
（新しい友達作ったら？ こいつらホントに退屈だよ）

➡ くらい  ➡ 愚

印象のフィールド

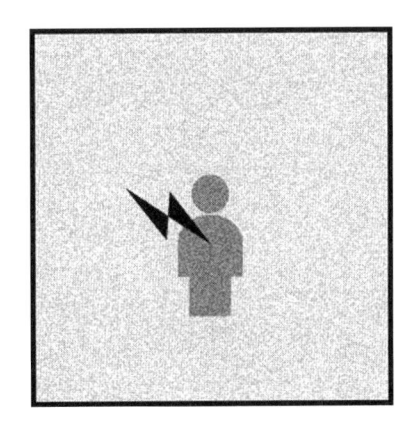

① **beautiful** ② **lovely** ③ **handsome** ④ **pretty** ⑤ **attractive** ⑥ **cute** ⑦ **gorgeous**

印象のフィールド、まずは「美醜」を取り上げます。「あの人かわいいね」「この犬は不細工だ」、美醜の判断は私たちにとって馴染み深いもの。それだけに豊かなグループです。

## beautiful

中学校1年生で習う単語ですから侮られがちですが、この種の単語の中でもっとも深く、そしてもっとも大きい賞賛が感じられる単語です。単なる外見的な美しさの形容から始まり、精神、感情、色、天候、声、人物、風景、アイデアなどなど使い方も制限がなく、さながら**美の万能選手**といった趣があります。

- Your kimono is so **beautiful**.
  (君の着物、すごくきれいだよ)
- I received so many **beautiful** letters of condolence after my husband died.
  (美しい慰めの言葉が綴られた手紙をたくさん受け取った)

印象のフィールド

さあ、それではいろいろな美を探訪しましょう。

## lovely

beautiful と似ていますが、その深み・広さにおいては一歩も二歩も譲ります。love (大好き) が単語に入っていることからもわかる通り、**知的・精神的なにおいは薄く、**自分の感情をそのまま述べる底の浅い言葉なのです。たとえば lovely poem と beautiful poem を比べてみると、その与える深さがかなりちがうのです。私なら自分の poem は、lovely よりも beautiful とされたいですね。誰かの感情ではなく、美の深淵を探究しているのですから。

- That's a **lovely** dress you're wearing.
  (素敵な服、着てるわね)
- What a **lovely** baby!
  (なんてかわいい赤ちゃん!)
- It was **lovely** to see you again.
  (お目にかかってうれしかったわ)

## handsome

**外見の格好よさ。**同じ意味では **good-looking** の方がよく使われます。

- Her fiancé is so **handsome** — I'm green with envy.
  (彼女のフィアンセとってもかっこいい。うらやましくなっちゃうわ)

しかし、この単語を使った上の例文のちょっとした引っかかりは、

一体何なのでしょうか。自分で書いておいてナンですが、何だかちょっと違和感があるのです。

実はこの単語、「あの人素敵」の意味ではどことなく古いんですよ。「あの子、すごくイカすぜ」という感じかな。私の勘ではこの使い方、今後 10 年で消滅しますね、きっと。

この単語、外見に焦点がありますから、モノに使われるときもその形状、エレガンスなど外見上の美しさをあらわします。

- There are many **handsome** Georgian mansions in the centre of London.
（ロンドンの中心には多くの素敵なジョージ王時代の大邸宅がある）

この使い方は、おかしくありませんよ。威厳のある美しさが感じられており、Georgian mansions といいコンビネーションを作っています。

## pretty

Alice in Wonderland 言葉。**カワイイ**です。もちろん表層的で、beautiful の深みと比ぶべくもありません。子供や小さなモノに使うのが典型的。

- Doesn't she look **pretty** in her new dress!
（[子供を見て] あたらしいドレスでかわいーね）
- What a **pretty** vase!
（なんてかわいらしい花瓶でしょう）

ちなみにこの単語、着飾った大人の女性に面と向かって

印象のフィールド

- You look **pretty**. （かわいらしいですね）

などと使うのはやめておきましょう。ほめ言葉にはなりません。人によってはカチンとくるかもしれません。「子供っぽいわね」という含みになるからですよ。

この単語は否定文でよく使われることも覚えておきましょう。

- I wouldn't look if I were you ── it's not a **pretty** sight.
（僕が君なら見ないよ。ひどい有り様だ）

a pretty baby を想像してください。かわいくてずっと見ていたいでしょう？ 上の例文はそれが not で否定されています。「見ていたくない・目をそむけたい」となるんですよ。

## attractive

引っぱる力に焦点があります。**魅力的**というわけ。

- You have the most **attractive** smile and eyes.
（君の笑顔と目はすばらしいよ）
- This is a very **attractive** cabinet.
（このキャビネットいいね）

もちろん「引っぱる力」は外見だけに宿るものではありません。voice, personality, offer, idea ... などなど、さまざまなものが attractive になり得ます。ちなみに 40 代以上の女性へのほめ言葉としても最適ですよ。溌剌とした美しさには翳りが見え始めますが、人を惹きつける成熟した美しさがこの年代の女性にはあります。まさにピッタリですよ。

# cute

もともとはアメリカ英語でしたが、現在は広く英語全般で使われています。**ぎゅーっと抱きしめたくなるようなかわいさ**、sweet prettiness。赤ちゃんとか小動物とか。

- She/he's really **cute**.
（ホントにかわいい）

**cutie, cutie-pie** を赤ちゃんや恋人に使うことがあります。ま、抱きしめたいってゆー愛情がこもっていますが、人によってはいやがることもあります。あんまり甘ったるい表現だから。

最近の日本語では「カワイー」が流行っていますね。キーホルダーを見ては「カワイー!」、友達に会っては「敏子、カワイー!」。でもその感覚を英語に持ち越すのはやめてください。

- Toshiko, you're so **cute**!

大人だったらひっかかるよなー、これ。

# gorgeous

すごくいい。かなりくだけた口語調の単語です。**ハッと目を見張るような魅力**。「あー。おー」と感嘆の声が思わずもれてしまうようなレベルです。発音も GORgeous と力が入ったりします。性的な魅力が含まれていることも多くありますよ。

- Have you seen Mark's new girlfriend? She's **gorgeous**!
（マークの新しい彼女見た？ すごくいいぜ、彼女）

**印象のフィールド**

人に限らず、天気などにも使うことができますよ。

- It's an absolutely **gorgeous** day — let's go to the beach.
（すごくいい天気。ビッチに行こう）

最後に問題。**drop-dead gorgeous** とはどういった意味でしょう？ ...ははは。左のイラストみたいにね、心臓が止まってしまうくらいの gorgeous さってことですよ。

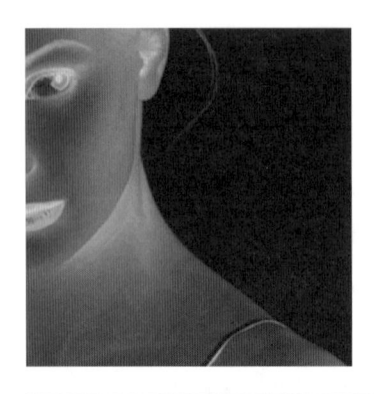

① **ugly** ② **plain** ③ **unattractive** ④ **unsightly** ⑤ **hideous**

醜さ。うーむ。苦手だ...。

# ugly

外見がまずいことをあらわします。ですがこの単語、私たちが考えるよりずっと広く豊かに使えるんですよ。

- The new town hall is a really **ugly** building.
  （新しい市庁舎は本当に醜悪なビルだ）
- **Ugly** people are often discriminated against when it comes to getting jobs.
  （顔の悪い人たちは就職の段になるとよく差別される）
- The sky looks **ugly**.
  （いやな天気だな）
- It's not a good time to talk with your father — he's in an **ugly** mood.
  （今はまずいよ。やばいムードだから）
- Be careful — he's an **ugly** customer.

(気をつけろよ。ヤツはやばいぜ)

共通する感触は、**尻込みさせるような**(push you away)。ugly な空は、単に天気が悪いのではありません。嵐や大雨が来そうなのです。ugly mood は身に危険を感じるようなムード。お父さんは怒っているのです。ugly customer は「変な顔をした客」ではありません。何やら暴力的な雰囲気を漂わせているのです。

## plain

plain は「なんら他と変わったところのない」ということです。ここから「**とくに魅力のない**(主に顔が)」ということになるんですが、実際には **ugly** の遠回しな表現として機能します。

ある女性を「ugly だな」と思うのは勝手です。'God, you're ugly (げ。お前ヒデー顔だな)' と面と向かって言うのも相応の脚力があればいいでしょう。でも脚力がなかったり常識があるのでしたら、この単語を使ってくださいね。

- Naomi is rather **plain**, but there is a kindness in her face.
  (とりたてて顔がいいというわけではないが優しさが感じられる)

**be a plain Jane** という表現も覚えておきましょう。'not good-looking' ということです。

➡ 単純

# unattractive

attractive の逆。**「引きつける力」がまったくない**ということです。もちろん外見に限った表現ではありません。

- I live in an **unattractive** neighbourhood.
（何の魅力もないところに住んでいる）

# unsightly

un- があって sight がありますからね。not good to see って感じがしますよね。実際この単語は、誰もそんなの見たかないよ（Nobody wants to see it!）という意味です。そこには**非常に不快な感じ**があります。

- The slums at the entrance to the city are so **unsightly**.
（街の入り口のスラム街はいい景色じゃないよ）
- Clean up the mess in here — it's terribly **unsightly**.
（何ですかこの散らかりようは。片づけなさい。ひどいことになっているぞ）

この単語、もうちょっと詳しく言うと We should do something about it!（何かやらなきゃ）、という気持ちも含んでいます。スラム街はひどいから...部屋は散らかっているから...**何とかしなくちゃ**、という感じなんですよ。

印象のフィールド

## hideous

醜い仲間の単語の中でもっとも強烈。見てられません。**物理的に目を悪くしてしまいそうな醜悪さ**です。hideous なものを見れば、人は震えと共に急いで顔を背けてしまうでしょう。

- He's recovered from the accident but he has some **hideous** scars on his body.
 (事故から回復はしたがひどい傷が残った)
- Where did you get that **hideous** purple tie?
 (どこでそのひどい紫ネクタイ手に入れたんだい)
- The man smiled at me with a **hideous** grin.
 (ぞっとするような薄ら笑いを浮かべた)

もちろん「外見」以外にも使われますが、やはり正視に耐えないグロテスクさ、ぞっとする状況などを指すんですよ。

- There was blood everywhere; it was one of the most **hideous** murders Mr. Holmes had ever had to investigate.
 (そこら中に飛び散る血。それはホームズが担当したなかでももっとも凄惨な殺人の1つであった)

# 洗練

① **smooth** ② **suave** ③ **refined** ④ **slick**

　洗練された印象。それはなめらかな手触りと密接なつながりがあります。摩擦のない、ざらっとこない、抵抗のない...、そうした「物腰」「物言い」が洗練された印象につながっているからです。

## smooth

　smooth のもつなめらかさは、**自信に満ちた話しぶり・リラックスした物腰**につながっていきます。心理的なアタリのない、ざらっとこない、そうしたイメージからの自然な拡張ですね。

- They really appreciated your **smooth** presentation.
  （みんな君の流暢なプレゼンに感心していたよ）

ところが反面、こうした摩擦や抵抗のない言葉・態度・物腰には、**「不誠実」「お世辞がうまい」**など否定的なニュアンスがこもりがちです。

- Watch out for those **smooth**(**-talking**) car salesmen!
  （口のうまい車セールスに気をつけろ）

印象のフィールド

「不器用です。男ですから」。武骨な高倉健にファンが多いのとは対照的ですね。

➡ なめらかなてざわり　➡ 易

## suave

smooth に higher class（上流階層）の育ち、貴族的な印象を重ね合わせましょう。**磨き抜かれソフィスティケートされた感触**をもつ単語ですが、劣等感が原因なのでしょう、否定的な文脈でもしばしば使われます。

- Underneath his **suave** exterior lies a totally amoral man.

（洗練された外見の中に、道徳心が完全に欠如した身勝手な人間が隠れている）

## refined

refined sugar（精糖）, refined oil（精製油）を想像すれば、この単語のフィールはわかりますね。rough（粗雑）を感じさせる、何物も混在していないということです。

- I'd love to be able to speak and act like you — you're so **refined**.

（君みたいに話したり振る舞ったりできるようになりたいよ。君は本当に洗練されている）

生まれ、育ち、訓練などが、言葉や態度から**「粗さ」を取り除い**

**ている**のです。またこの単語は、日本語の「洗練」と同様、趣味の良さにもつながっています。

- She has such **refined** taste in clothes.
（彼女の服の趣味はとてもいい）

## slick

smoothと同様、人に使われた場合「自信に満ちた流暢な物言い」を連想させますが、smoothよりも強固に不誠実と結びついています。そう、**油っぽい（greasy, oily）不誠実**です。

- He could persuade anyone with his **slick** talk and clothes.

（やつはなめらかな口振りと如才ない服装で誰も彼も説得できる）

とはいえ、slickはいつも否定的に使われるわけではありません。slick magazine, slick clothesは「**最先端**（forefront）」を感じさせる表現です。

- 'PLOADED' is a really **slick** magazine.
（『プローディド』は、最高にイカした雑誌だ）

もちろん下に見られるように**ツルツルのスピード感**がこういった肯定的な意味合いを生み出しているのです。

- Nakata glided past the defender with his **slick** footwork.
（中田はディフェンダーを、軽やかなフットワークでスルスルッとかわした）

➡ なめらかなてざわり

印象のフィールド

① **rough** ② **crude** ③ **coarse** ④ **vulgar** ⑤ **rude** ⑥ **obnoxious**

粗雑な印象は、ざらっとした手触りから。

## rough

「洗練」から連想されるあらゆる意味——穏やかさ、丁寧さ、礼儀正しさ、上品、センス、正確さなど——の対極にある単語。このカテゴリーでもっとも一般的な語です。

- Rugby is such a **rough** game.
  (ラグビーはすごく荒っぽいよ)
- This is just a **rough** sketch of the new house.
  (新居の大体のスケッチです)
- Give me a **rough** idea or estimate of what it will cost.
  (どのくらいかかるか概算を教えてくれる?)

ただ気をつけなければならないのは、いつも否定的なイメージを伴っているわけではないということです。

'The Rough Guide to . . .' というベストセラーガイドブックをご覧になったことがありますか? backpackersや低予算の旅行の

ためのガイドブックですから、もちろん高級仕立てではありませんだけど本来の目的のためにはこれで十分。基本的な(**basic**)情報はすべて網羅してあります。roughの語感は悪いものばかりではないのですよ。

- This is a **rough and ready** barbecue, but it works well enough.
（パパッと適当に作るBBQ。だけど十分なんだよ、これで）

ほら、ね。

➡ あらいてざわり　　➡ 難

## crude

人の手が加わっていないってこと。crude oil（原油）、crude rubber（天然ゴム）など、**自然のまま**ということです。ここから**unrefined**（洗練されていない）、**undeveloped**（未開発）というニュアンスが生まれます。

- The earliest engines were so **crude** compared to today's.
（最も初期のエンジンは現在と比べ、大変粗雑なものであった）
- In **crude** terms I would say that the Japanese economy is on the road to recovery.
（大雑把な言い方をすれば日本は回復基調にあると言えるだろう）

この単語が人に使われたときの語感は容易に想像がつきますね。何しろ「人の手が加わっていない」んですからね。**uncivilized**（未開の）、**unsophisticated**（ソフィスティケートされていな

い)...つまり下品で野蛮ってことですよ。

- There was no need for so many **crude** jokes.
  (そんな下品なジョークを言う必要はなかったろ)
- You can be really **crude** at times.
  (君は時に下品になるねぇ)

何しろ未開なんですからね、直接生殖器に言及したり、人前でゲップしたり、そーゆーの。

## coarse

言葉遣いや態度・物腰に関してよく使われます。

- His **coarse** language didn't go down well with her snobbish parents.
  (彼の粗雑な言葉遣いは彼女のお高くとまった両親には受け入れられなかった)

この単語は**十分な教育を受けていないことを暗示**しています。フィルターで十分濾過されていない coarse さをもっているということですね。

➡ あらいてざわり

# vulgar

「あ。クソ行って来るわ、俺」…5分後…「あースッキリした。やっぱしクソだった。クソだったよ。たくさん出た」。

みなさんの周りにこんな人はいませんか。無意識に鼻くそはほじるわ、口に食べ物を大量に突っ込んだまま話をするわ。下品。**育ちの悪さ**(ill-breeding)に起因する品のなさがvulgarのニュアンスです。

- I'd never go out with him — he has such **vulgar** habits.
（あの人とはもうデートしない。下品だから）
- What a **vulgar** display of wealth — so typical of the nouveaux-riches!
（お金あるとこみせびらかして、なんて下品なの。典型的な成り金）

# rude

vulgarは仕方ないよ。だって、育ちが悪いんだもん。だけどrudeはちがいます。育ちの悪さでそうなっているわけではなく、**意図的に無礼であり粗野に振る舞っている**のです。

- Those children are so **rude**.
（本当に無礼な子たち！）
- Sorry, I didn't mean to be **rude**.
（すみません。お気を悪くさせるつもりではなかったのですが）

「うっせーな、ババー」「へへーだ(中指を立てる)」そうした状況です。また、*I don't mean to be vulgar. とは言えません。rude のもつ「意図」がわかるでしょう？

jokes や stories に関して使うときには、かなり際どい(**dirty, sexual**)ことを示しますが、crude や coarse とちがい育ちの悪さからくる不快感は含まれません。際どくてウキウキという感じ。だって楽しませようと意図的にやってる「粗野」なんですからね。

- His stories are always deliciously **rude**!
  (あいつの話はいつも際どくて面白い)

ちらっとセクシー。うーむ。聞いてみたい。

## obnoxious

極度に rudeであり、侮辱的(**insulting**)。もはや人を人とも思っていない態度です。

> A: I can't believe how **obnoxious** the receptionist was to us!
> B: Yeah, she treated us like dirt.

([高級ホテルで]「あんなひどい扱いをフロントから受けるなんて」「うん。ゴミみたいに扱いやがって」)

# 外向的印象

① **ostentatious**　② **flamboyant**　③ **dramatic**　④ **flashy**
⑤ **pretentious**

　印象のフィールド、しばらく続けましょう。このグループは派手な印象を与える表現を集めました。自慢・見せびらかし (show-off) にもつながる派手さです。flamboyant, flashy など「光（炎も光の一種ですよね）」のイメージをもつ単語も出てきます。容易に想像がつくつながりですね。

## ostentatious

　ベトンの買い物バックなんて買っちゃってさ。なにさ、自分が金持ちだって**これ見よがしに見せつけて**くんなくたっていいじゃないの。みんなに憧れの目で見られたいのよ。バッカじゃないの...という意味。もちろん浅はか (**shallow**) な行いであり、否定的に使われます。

- How **ostentatious** these movie stars' houses are!
  （映画スターの自宅ってなんて仰々しいんだろ！）

印象のフィールド

## flamboyant

派手できらびやか。原義は「燃え上がる」ですからね。態度・身なりが衆目を引きつける派手さをもっていますが、肯定的な意味合いで使われます。それは自信・自由な精神の現れだからです。まさに「**炎**」のイメージ。

- Freddie Mercury was a very **flamboyant** performer.

(フレディはとても派手なパーフォーマーだ)

## dramatic

「劇的」ですね、もちろん。本来中立的な語ですが、人に使われると**芝居がかった・わざとらしい**となります。不自然な(**unnatural**)、大げさに演じられた感がある、ということです。もちろん、人の注目を集めるためにやっているんですよ。

- She replied with a long **dramatic** sigh.
  (大げさなため息をついて答えた)

## flashy

**派手。けばい。**この意味は flash of light (フラッシュ)を想像すればわかるでしょう。人の目を射る感触があるのです。お金や高価

な品物を見せびらかして人目を引くのが好きなんですよ。

- Look at him driving around in his **flashy** new sports car.
  (見てみろよ。ケバいスポーツカー乗り回してるぜ)
- I can't stand him. He's far too **flashy** for my liking.
  (彼、やだな。私の好みからするとちょっと派手すぎるのよ)

## pretentious

pretense は「見せかけ」。そこから派生したこの単語、もうニュアンスはつかめるでしょう？ お金持ちだとか、天才だとか、まぁ何でもいいんですが、そういった**お高い雰囲気**を出してます。よく見られたいとか人より優れていたいとか、あんまり上等じゃない心理が働いています。

- Have you heard him speak? He is so **pretentious** with all his big words — you'd think he'd swallowed a dictionary!
  (あいつが話しているの、聞いたことあるかい？ これ見よがしのむずかしい単語使っちゃって。辞書でもまちがって飲み込んだんじゃないかと思うぜ)

印象のフィールド

# 内向的印象

**① modest ② reserved ③ shy ④ timid ⑤ introverted**

自慢・見せびらかし (show-off) の対極に位置する単語たち。私はこっちの方が好きです。「理想の女性は？」と聞かれるといつも、「中学校の朝礼で貧血起こして倒れていたような人」と答えています。

## modest

**控え目。** 自分に対する過少申告。目立つのがイヤなんです。

- Don't be so **modest** — your English is excellent.
 (謙遜するなよ。君の英語はすばらしいじゃないか)
- She is refreshingly **modest** for a movie star.

(彼女は映画スターとしては謙虚だね、実に新鮮だよ)

## reserved

hold back (**押しとどめる・尻込みする**)ってこと。reserve は「取っておく」ってことですからね。こういった人は自分を声高に語ったりしません。控え目で自分の感情を表に出すのが好きではないのです。

- The English have the reputation of being **reserved** but it's worth spending the time to get to know them.
  (イギリス人はなかなか打ち解けないと思われているが、時間をかけて知り合う価値はあるよ)

➡ コミュニケーション ⊖

## shy

**自信の欠如**。その結果として「ひっそりしていたい」という気持ちになっています。

- She's painfully **shy** — I don't know if she'll ever find a boyfriend.
  (彼女は痛々しいほど内気な性格。ボーイフレンドできることなんてあるのかなぁ)

## timid

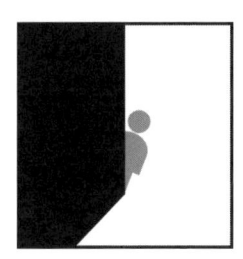

shyに「怖れ」を振りかけてください。**びくびく**。それが timid です。この単語はラテン語の fear（怖れ）から。思っていることを怖くて主張できません。隠れていたいんです。

- Keiko is far too **timid** to be team leader.
（チームリーダーとしては、圭子はちょっと臆病すぎる）

## introverted

open inwards（中に向かって開かれている）ということ。まぁ**内向的**ってことですね。他の人々から離れ一人でいることを好みます。人と交わるより自分の中をのぞいていたいのです。

- I was very **introverted** as a kid but now I'm really outgoing.
（子供の頃は内向的だったけど、今は外にドンドン出ているよ）

# 単純

① **simple** ② **basic** ③ **fundamental** ④ **elementary** ⑤ **plain**
⑥ **straightforward** ⑦ **unsophisticated**

　印象のフィールドもこれが最後。印象をあらわす形容詞の中でも、多くの単語が集まっているのがこの「単純・複雑」。ニュアンスのちがいをしっかりと嗅ぎ分けてください。

## simple

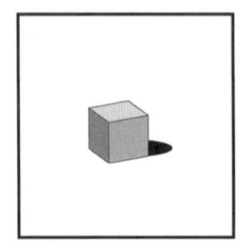

単純。**1つのパートだけから成っている印象**を受けます。いくつものパートが組み合わさってはいませんし、追加・装飾などもなされていません。たとえば simple microscope はレンズが「1」つしかない顕微鏡のこと。

- The 2CV has a rather **simple** engine.
（2CV のエンジンはかなり単純だ）

　「単純」にときとして感じられる肯定的ニュアンスにも注意しておきましょう。a simple life, a simple person にみなさんはどう

印象のフィールド

いった印象をもちますか？ そう、華美・虚飾などとは無縁の淡々とした(おそらくは田舎の)生活。嘘・ごまかしなど性格に捻れや複雑さをもたらすものが何もないタイプの人。あらゆるものが複雑になってしまった現代では一種の理想かな。

➡ 愚　➡ 易

# basic

最近の車はいろんなものがついていますね。ヘッドライトにワイパーがついてたり、後ろに羽が生えていたり。この間高級車に乗ったら、尻を暖める装置までついていました。気味わりーな。

まぁ物事というのはすべからくいくらでもいろんなパーツを付け足して複雑にすることができますが、そうした余計なものをはぎ取っていき、残ったモノ。それが basic。**必要最小限度**(minimum essentials)。それがイメージです。

- This is a **basic** English grammar.
  (これが基本英文法)
- I don't want the **basic** model, I want the luxury coupe!
  (何にもついてないモデルはやだよー。運転席前のこの穴ぼこはなんだろー。カーナビ用の穴ぼこだろーか。たまにはラグジュアリーなクーペが欲しいよ)

## fundamental

**foundation**（基礎・土台）。そこからすべては始まります。basic starting point です。

- I can't understand how you could make such a **fundamental** mistake.
（何でそんな基礎的な間違いをするんだか理解に苦しむよ）

昨今イスラム教原理主義（fundamentalism）がしばしば話題に上りますね。教義（religious laws）を厳格に守る、という意味で simplest な形態をもつからです。

## elementary

**単純で最低限のスキル・知識しか必要としない**ってこと。elementary school, elementary level（小学校、基礎レベル）などの表現はご存知ですね。このにおいがわかると次のホームズ氏の発言もよりよく理解できるでしょう。

- When Sherlock Holmes was asked how he worked out a murder mystery, he typically answered with this famous comment: "**Elementary**, my dear Watson. **Elementary**."
（シャーロックホームズは、どうやって殺人事件を解決したのかを問われて言った。「単純なことだよ、我が親愛なるワトソン君。実に単純な、ね」）

ちなみに chemical **element**（元素）は、ある1種類の原子だけからなる物質。水素とか炭素とか。

印象のフィールド

## plain

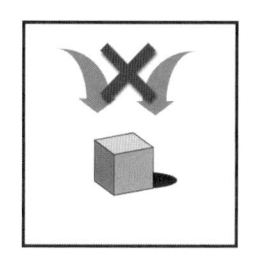

**何も（飾りなどが）加えられていない（unadorned）** がイメージ。まんま、むきだし。plain design（簡素なデザイン）、plain yogurt（まんまヨーグルト）、plain chocolate（ミルクは入ってない）、plain flour（ベーキングパウダーは入っていない）などなど。

それでは問題。plain girl はどういうニュアンスでしょう？ ははは。「美が入っていない」んですよ。

もちろんこの簡素さから「単純で理解しやすい」も生まれてきます。理解を阻む余計な要素が介在しないからです。

- Let me put this in **plain** English — you're fired!
 （平たく言い直してやろうか。君はね、ク・ビだよ）

➡ 醜

## straightforward

**一本道**を進みます。曲がったりひねったりしてませんから、まちがいようも迷いようもありません。

- My instructions were perfectly **straightforward**.
 （私の指示はまったく間違いようのないものだったはずだよ）
- Should be no problem to fix — it looks pretty **straight-**

**forward**.
（問題ないよ。すぐ直せそう）

\*\*\*\*\*\*\*\*\*\*\*\*\*\*\*\*\*\*\*\*\*\*\*\*\*\*\*\*\*\*\*\*\*\*\*\*\*\*\*\*\*\*\*\*\*\*\*\*\*\*\*\*\*\*\*\*\*\*

### ■ straight

straight は straightforward とはちがいます。後者は forward（前に）が入っているので、**動き**を含んでいるのです。上の例文はそれぞれ「指示はまっすぐに事の成就に向かう種類のものだった」「修理に向かって一本道だ」と、動きが含まれています。

それに対して straight は**形**についての表現。「まっすぐ」ですよ、「曲がってない」ですよ、ただそれだけです。さて問題を出しましょう。次のペアの意味を考えてください。

a. He's a **straightfoward** sort of guy.
b. He's **straight**.

a は「率直にモノを言う人」。言いたいポイントに向かってまっすぐだ、ということです。それでは b は？ ... ははは。「まっすぐな人」ではありません。21世紀現代英語においては、この文は「ゲイじゃない」ってことになります。感じ、わかるでしょう？

\*\*\*\*\*\*\*\*\*\*\*\*\*\*\*\*\*\*\*\*\*\*\*\*\*\*\*\*\*\*\*\*\*\*\*\*\*\*\*\*\*\*\*\*\*\*\*\*\*\*\*\*\*\*\*\*\*\*

# unsophisticated

unsophisticated はそもそも、**洗練された高次なものに触れてこなかった**、そうした語感。

- The upper-class Oxford students mocked my **unsophisticated** language and behaviour.

（上流階級出身のオックスフォードの学生は、私のあか抜けしてい

ない言葉や身のこなしを嘲った)

さて、この単語は up to date じゃないにつながります。**単純・素朴**。先進テクノロジーの洗礼を受けていないからです。

- The tribe's hunting methods were **unsophisticated** but effective.
  (この部族に見られる狩猟方式は、素朴ではありますが効果的です)
- The Citroen 2CV's engine is **unsophisticated** but very durable.
  (シトロエン 2CV のエンジンは素朴だけどすごい耐久性だよ)

きっと見たことあるはずですよ 2CV。ブリキのおもちゃのような、動いているだけで感心する車。それが 2CV。名車と言わざるを得んだろうな。

① **complex** ② **complicated** ③ **convoluted** ④ **intricate**
⑤ **detailed** ⑥ **elaborate**

最後は「複雑」。

## complex

さまざまな要素、パーツが関わっています。その**数の多さ**が複雑さを作り上げているんです。

- PTSD is a far more **complex** disorder than many people imagine.
  (PTSD は多くの人が考えるよりも、はるかに複雑な疾患です)
- Any negotiation is a **complex** process.
  (どんな交渉も複雑な過程を経る)

## complicated

complex と似ており多くの場合どちらを使ってもあまり変わらな

**印象のフィールド**

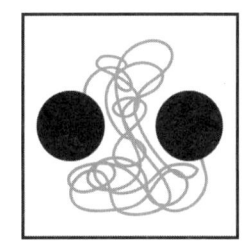

いのですが、この単語の焦点はパーツの多さというよりもむしろ**パーツ同士の関係**にあります。その**詳細な、込み入った絡まり合い**が複雑さを作り上げています。

- These instructions are very **complicated**, so listen carefully.

（今から行う指示は複雑だから注意して聞くように）

この語はしばしば、**不必要にむずかしく**（unnecessarily difficult）**しやがってという意識**が伴うこともあります。

- Why did you give them such **complicated** directions?
（なぜ彼らにそんな複雑怪奇な指示を与えたのか？）
- He gave a very **complicated** explanation to a very simple problem.
（問題はとても簡単なのに、彼の説明はとても複雑だった）

## convoluted

> 「ちょっと暑いね」ジョンは窓を見ながら言った。
>
> この文の発話者は、発話時点の室内の温度および体感的環境を単に叙述しているのではなく、当該の談話状況の中に存在するその発話の受け手に厳密な命題内容以外のある情報を伝えようと意図しているのであり、その視線の移動に関する解釈を含む総合的な場面の認識が命題内容と相まって、さらに語用論的なメカニズムを通じ、その出力として聞き手をある特定の行為に向かわせる効果を生みだしているのである。

「丸めたりひねったり」という動作を起源として持つ、**否定的なニュアンス**の単語。もうイメージはおわかりでしょう。素直に置い

ておけばいいものを、ひねったり丸めたりして**わかりづらくしています**。言い回し・言葉遣い・議論など言葉がらみの単語です。

- Why he gave such a **convoluted** answer I'll never know.
（なんで彼はそんな込み入った答え方をするのかな。全然わかんないよ）
- Many academic papers are written in a terribly **convoluted style** — I give up after a few pages.
（多くの学術論文はひどく回りくどい言い方をするものだ。2〜3ページでギブアップだよ）

> 「ちょっと暑いね」とジョンは窓を見ながら言った。
> 「窓開けろ」ってことですね。

## intricate

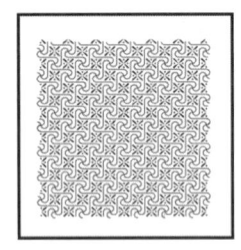

　この語には**パターン・システム**が感じられます。小さなパーツ・詳細なポイントが、パターンやシステムを作り全体を成しています。

- I'll never understand your **intricate** filing system.
（君の込み入ったファイリングシステムは到底理解できないよ）
- Spiders' webs have fascinating **intricate** patterns.
（蜘蛛の巣はとても複雑な模様をしていて引きつけられるよ）

> 印象のフィールド

## detailed

これは簡単。**細部（detail）にわたる感触**、ですね。

- He gave me a **detailed** description of his proposal.
（彼は提案内容を詳しく説明した）

## elaborate

単なる複雑さではなく、**細部に至るまで入念に、隅々にまで神経が行き届いた**（fully fleshed out, worked out）感触。正確、精緻です。simple の単純さ、basic の必要最小限度、それらの対局にある表現です。

- This is just a sketch — I'll give you a more **elaborate** plan later.
（これはただの概観。ちゃんとしたプランは後ほどお見せします）
- I didn't expect such an **elaborate** design.
（これほど精緻なデザインは期待しなかったよ）

対人関係のフィールド

## コミュニケーション➕

① **talktative** ② **articulate** ③ **fluent** ④ **eloquent** ⑤ **vocal**
⑥ **communicative**

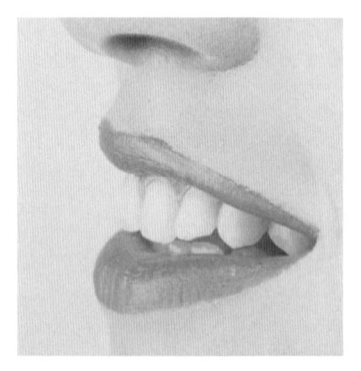

対人関係のフィールド、まずはその基本、コミュニケーションから始めましょう。最初は活発なコミュニケーション。

## talkative

おしゃべり。**人と話すのが楽しくて仕方がない**のです。

- My husband's the **talkative** type, so he loves parties.
  （私の旦那はおしゃべりだからパーティ好き）
- You're not in a very **talkative** mood tonight — are you OK?

（あんまり人と話したい雰囲気じゃなさそうだね）

おしゃべりは否定的なイメージも伴います。

- I like her, but she's very **talkative** — a real chatterbox!

(好きだけどすげー話好き。根っからおしゃべり)

## articulate

英語の先生には「ハッキリと発音する」という意味で知られた単語。「**ハッキリと明確に**」がポイントの単語ですから「自分の考えを明瞭に表現する」にもなります。

形容詞で使われても語感は変わりません。自分の考えを(上手に言葉を選びながら)スムーズに、明瞭に話す能力があるということです。話し方だけでなく内容もいいのですよ。

- Professor Onishi is really **articulate** — his students understand all his explanations.
  (本当に話が上手だ。へへ)

## fluent

「**流暢**」という日本語訳で知られていますね。flow(流れる)イメージの単語です。

- Mr. McVay wishes that he were more **fluent** in Japanese.
  (もっと日本語が上手だったらいいのにと思っている)

この単語、上手に話すという意味では articulate と似ていますが、内容には重きがおかれていません。上手な話しぶり、そこに焦点があります。

- I love listening to her when she speaks. She has a beauti-

fully **fluent** delivery — it's like music!
(彼女の話しぶりは美しく流れるようだよ。音楽みたいだ)

## eloquent

「雄弁な」が定訳になっていますね。単に fluent なだけではありません。**力強い、刺激の強い表現を使って人の心を動かす能力がある**ということです。public speech をする人たち(政治家など)の形容にピッタリです。

- I need to be at my most **eloquent** this evening if I'm to win their vote.
  (彼らの票を得るためには最大限雄弁にならねば)

## vocal

もちろん voice (声)からきていますから、「声を使う」ってことですが、コミュニケーションにおいて vocal は、**自分の見方や考えを自由に述べる**という意味合いで使われます。

- The Green Party may not be big but it is certainly a very **vocal** minority.
  (緑の党は大きくはないかもしれないが非常に声高な少数派だ)

I want to be heard (人に聞いてもらいたい)という欲求、公的な雰囲気、vocal のニュアンスは日本語の「声高」と非常に近いところにあるのです。

## 対人関係のフィールド

## communicative

能力というよりも態度です。**ものごとに対して闊達に意見を交換し、情報を共有するという姿勢**です。もちろん話すこと同様聞くことも重要な要件となります。話すだけでは communicative じゃなくてただのおしゃべり。

- I wish my boss were more **communicative** — I never know what he's thinking.
 (もっとコミュニカティブならなぁ。何考えてんだかわかんないよ)

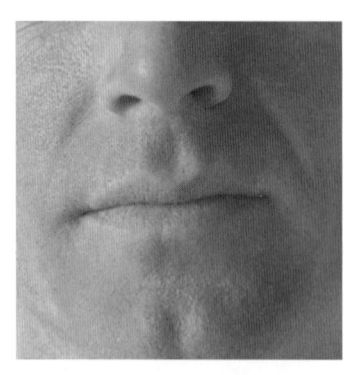

### ① silent ② quiet ③ reticent ④ reserved ⑤ uncommunicative

没コミュニケーションの表現は、「音(小)」と密接につながります。音が出てこないわけですからね。

## silent

**最小限のコミュニケーションしかとらない**人に使います。1人の世界が好きなのです。

- My ex-husband was the **silent** type.
  (もの静かなタイプだ)

**silent majority** という表現も押さえておきましょう。自分の意見を言わない大多数の人々、ということですね。

➡ 音(小)

対人関係のフィールド

## quiet

silent と同じですが、そういったタイプというよりも**一時的に話したくない**ムードにある、という感じ。

- You're very **quiet** this evening — is anything the matter?
(今夜は静かだね。どうしたの？)

また「秘密をしゃべらない」という意味でも使います。まぁ静かにしているわけですからね。

- I saw you cheating in the test, but I'll keep **quiet** about it . . . for a price!
(カンニング黙っててやるよ。高いよ)

➡ 音(小)

## reticent

話したくないから黙っています。主に**個人的**なことに関して、が多いです。

- She is understandably **reticent** about her recent divorce.
(彼女が離婚したことについて口をつぐんでいるのももっともなことだ)

195

# reserved

reserve は hold back。もう説明しましたね。コミュニケーションについても自然に使うことができるイメージです。「取っておく」ということは full amount を差し出さないということ。**小出し。控え目。押さえ気味。**

- The English tend to be rather **reserved**, especially at first.

（イギリス人は――特に最初は――言葉少なだ）
- Greetings were brief and **reserved**.
（あいさつは短くおさえたものだった）
- We were given a rather **reserved** welcome.
（かなりおさえた歓迎を受けた）

reserved について特筆すべきは、その理由。reserved という態度の背後にはいつでも理由が隠れています。reserved welcome は、*just* being polite（失礼にならない程度の）ということ。その後ろには「みなさんのお手並拝見しましょうか」などの理由が感じられるのです。

➡ 内向的印象

# uncommunicative

communicative の逆。やはり態度の問題です。**必要な情報を渡さない、協力的ではない**といった否定的なイメージで使われます。

- How can I help him if he's so **uncommunicative**?
（あんなに非協力的ならどうやって助けてあげればいいんだい）

対人関係のフィールド

# 寛容

### ① tolerant ② soft ③ lenient ④ lax

　対人関係での基本的態度に「寛容」があります。「寛容」とそれに対する「厳」、さらに相手への「『口』撃」までまとめて制覇してしまいましょう。トップバッターの「寛容」には「やわらかさ」「ゆるさ」も関わってきますよ。当然のつながりですね。

## tolerant

　「寛容」に関しては、もっとも一般的な単語。**受け入れる**がイメージ。名詞の tolerance は「許容度」「耐性」をあらわします。それが壊れるまでどのくらいの入力に耐えるか、ということ。そこからもこの単語のもつ「受け入れる」イメージが伝わってくるはず。

- Partners have to be **tolerant** of each other's faults and failings.
（カップルはお互いの過ちや欠点に対して寛容でなくてはならない）
- I do try to be **tolerant** but sometimes his behaviour

drives me nuts!
（もうちょっと心を広く持とうと思うんだけど、彼の態度には頭来ちゃうよ）

## soft

この語のもつふわふわした触感は、他の人に対する態度にもあらわれます。柔らかいクッションにふわっと沈み込む感覚。それが、**他人に意見を尊重し、その気持ちを受容する**ニュアンスにつながるのです。

• My grandmother is a real **soft** touch — she never refuses me anything.

（私の祖母はすっごく甘いんだ。何にもダメって言わないんだよ）

ただこの soft、肯定的なニュアンスとばかり結びつくわけではありません。柔らかさは「毅然としていない」など、弱さとつながりがちだからです。

• He's too **soft** on his students.
（彼は学生に甘すぎる）

➡ やわらかい　➡ 易

対人関係のフィールド

## lenient

making soft（やわらかくする）という起源をもっています。lenient punishment（甘い処分）、lenient sentence（寛大な判決）など、罰則がらみで使われる単語。**あんまりプレッシャーがかかっていない**がイメージ。

- I can't afford to be **lenient** — it's a very tough class.

（やさしくやってる余裕はないよ。たいへんなクラスだから）

- If judges are **lenient** with offenders, they'll just carry on committing crimes.

（もし判事が最初甘い顔を見せたら、やつら同じことを繰り返すだけだ）

## lax

too lenient, too soft（甘過ぎ）。寛容の度合いが限度を超えています。もともとこの単語は **tight**（キツい）の逆。ゆるゆるという意味です。そういえば下剤は laxative でしたよね。

- The new chairperson is rather **lax** when it comes to enforcing the rules.

（新しい議長は規則の執行に関してゆるすぎる）

# 厳

① **hard**　② **tough**　③ **strict**　④ **harsh**　⑤ **stern**　⑥ **rigid**

厳しさの起源は主に「かたさ」「きつさ」の感覚です。

## hard

hard のもつ**カチン**としたかたさは、「厳しさ」とつながります。**受け入れない厳しさ**。soft の逆ということですね。

- Don't be so **hard** on the students.
 (そんなに学生にきつくするなよ)

　➡ かたい　　➡ 難

対人関係のフィールド

## tough

tough のもつ**はねかえす力**は、そのまま厳しさにつながります。**妥協をしない**(**un-compromising, unyielding**)態度を想起させるからです。

- It's time to get **tough** on crime.
  (犯罪に対して NO! と言うべき時が来た)

➡ かたい　➡ 難

## strict

**規律と管理を強く強いる**というイメージ。この単語は **tight**(きつい)、**narrow** を意味するラテン語を起源にもっています。

- I'm lucky because my parents are not so **strict** — they let me do what I like.
  (両親が厳しくないからとってもラッキー。やりたいことさせてくれるの)
- Our school was really **strict** about the uniform.
  (うちの学校は制服にとっても厳しい)

strictly speaking(厳密に言えば)という表現はみなさんご存じですね。tight, narrow のイメージから、この単語には「厳密」という意味合いも当然でてくるんですよ。表現はイメージで結ばれているんですね。

# harsh

- I had very **harsh** parents.
（両親はとても厳しかった）

harsh は、シー・シー・シー。**下ろし金で大根を削っているような感覚**。こうした感覚がこの単語の意味のイメージ、過酷につながっています。我慢すること、受け入れること、堪え忍ぶことが極端にむずかしい、そうしたニュアンスにつながるのです。

- Siberia has a **harsh** climate.
（シベリアの気候は過酷である）

シベリアの例と並べれば、harsh parents のもつニオイがわかってくるでしょう。単に **strict**（厳格な）であるというだけではありません。冷酷ですぐに体罰。愛情など感じられません。身を削られるような思いをしているのです。

# stern

単なる厳しさだけではありません。この単語には人を拒絶する不愉快さ（unpleasantness, unfriendliness）が感じられます。態度だけではなく、その顔の表情（stern look：いかめしい顔つき）まで浮かんでくる表現です。

- We were so scared of the **stern** librarian we didn't dare

対人関係のフィールド

even whisper.
（厳格な図書館員がとても怖かったので、ささやき声すら出さなかった）

## rigid

**曲がらない・変形しない・動かない。**この単語のイメージは当然、妥協を許さない厳しさにつながります。

- They're far too **rigid** in their implementation of the rules.
（全然融通が利かないんだもんな。イヤになっちゃうよ）

➡ かたい

# 「口」撃

① acrid ② pungent ③ acrimonious ④ biting ⑤ cutting ⑥ sarcastic

他人への厳しい態度は、言葉による他人への攻撃という極端な形を取ることもあります。ここには刺激的な臭気・味の感覚が生きています。

## acrid

remark（発言）, debate（討論）, discussion（議論）など、発言系の語句とコンビを作ります。原義のもつ**臭気の鋭さ**から、その性質が想像できるでしょう。

- The meeting was full of **acrid** comments and nothing was resolved.

（ミーティングは厳しいコメントの応酬となり何も解決しなかった）

**鋭く、怒気を含んだ攻撃的な**（sharp, angry, aggressive）コメントいうことです。

➡ いやなにおい

対人関係のフィールド

## pungent

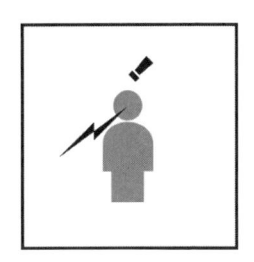

acrid と同様、鋭く直接的な発言を意味しますが、それだけではありません。pungent には**ウイット（wit）がほのかに香ります**。

- Oscar Wilde's **pungent** satire is a joy to read.
  （オスカー・ワイルドの辛辣な風刺は読んでいて楽しい）

pungent が satire とナイスなコンビネーション。刺激的であるだけでは「風刺」になりませんからね。

→ いやなにおい

## acrimonious

「鋭さ・苦さ」から来たことがわかれば、そのニュアンスがわかるでしょう。**舌を刺す苦々しさ・怒気を含んだ発言**です。

- The peace talks collapsed in a fury of **acrimonious** exchanges.
  （平和会談は辛辣なやり取りの応酬になってしまった）

## biting

**bite**（噛む）から連想されるのは痛さ・容赦のなさ（**painful, cruel**）。

- I found the editor's **biting** criticism most hurtful.
（編集者の痛烈な批判が一番きつかった）

## cutting

今度は cut（切る）。問題ありませんね。そーゆーイメージ。

- Her **cutting** remarks about Jenny's appearance were uncalled for.
（彼女、ジェニーの外見についてひどいことを言ったけど、まったく余計なことだろ、そんなの）

## sarcastic

やはり **hurtful**（人を傷つける）系の単語ですが、「思っていることは逆を言う」が基本です。人をバカにする（揶揄する: make fun of）のが目的。

- He always makes **sarcastic** comments about my work.
（彼はしばしば私の作品を皮肉る）

**対人関係のフィールド**

# 丁寧

**① polite ② courteous ③ civil ④ respectful ⑤ gracious ⑥ tactful ⑦ diplomatic**

対人コミュニケーションにおいて、相手への好印象は欠かせません。対人関係のフィールド、最後は「丁寧」を中心に好印象・悪印象を与えるタイプの表現を集めました。

## polite

polish（磨く）のラテン語から来たこの単語、他人への考慮を中心においた言葉・態度の洗練をその核にもちます。磨かれツルツルの、イガイガしていない、**他人と摩擦を起こさない**、それが polite ということです。他人に不快感を抱かせないさまざまな要素——正しい言葉遣い、マナーなど——が不可欠であることは当然でしょう。

言葉の上での politeness に絞ると、それは適切な言葉遣いということに尽きます。その場の状況に即した相手に不快感を持たせない言葉遣いをするということです。

- You must learn how to be more **polite** if you wish to progress in society.
  (もし出世したいのならもう少し丁寧な物言いを勉強した方がいい)
- Young people these days have forgotten how to be **polite**.
  (最近の若い者は「丁寧」なんてことはハナから念頭にない)

実は polite は日本語の「丁寧」よりももう少し広い守備範囲をもっています。**他人の感情を逆撫でしない**というところにニュアンスの中心が置かれているためです。次の文を眺めてみましょう。

- We made **polite** conversation about the weather while waiting for dinner.
  (夕食を待つ間、何気ない会話をした)
- I said I loved her new hairstyle but I was only being **polite**.
  (髪型がいいって言ったのは、単に彼女の気分を害したくなかったからだよ)

polite は時として、単に会話を続けるために天気などの些事 (trivia) を話題にするということにもなりますし、場合によっては「嘘」につながることさえあります。相手を傷つけない、気分を損なわせない、それが polite の中核なのです。

## courteous

polite と非常に似たイメージで、実際コンビで使われることもよくあります (**polite and courteous**) が、courteous はフォーマルな感触をまとっています。そう、court (宮廷)から来ているからですよ。廷臣 (courtly gentleman) のもつ礼儀正しさと他人への助

対人関係のフィールド

力を惜しまない態度がこの単語のイメージを作っているのです。ただそれは同時に、**形ばかりの・皮相的**（**superficial**）なものとしてとらえられています。これもまたcourtからすぐに想像できることでしょう。

ここまで説明すればこの単語が、ホテル従業員の態度など、サービス産業がらみで使われることが多いことも理解できますね。

- I like shopping here because the assistants are always so **courteous**.
（このお店、いいわよ。店員がいつもちゃんとしているから）
- The least I expected was a **courteous** reply, but I didn't even get that.
（少なくとも丁重な返事ぐらいは期待していたのだが、それすら来なかった）

## civil

**形だけはちゃんとしてます**。しかし暖かみ、心地よさは感じられません。civilised person（文明人）が取るべき「正しい」態度・言葉遣いですが、その整った形には寒々しくよそよそしい（**cold, unfriendly**）すきま風が吹いています。

- I know you don't like them but at least be **civil**!
（君が嫌いなのはわかっているけど、少なくとも失礼がないように）
- His greeting was **civil** but barely respectful.
（挨拶は型どおりのものであったが、いい感じはしなかった）

上の文は「形だけでもちゃんと」ということ。Avoid being rude!

（失礼なことはしないでくれよ）と同じニュアンス。civil のもつ語感がクリアに出ていますね。

## respectful

full of respect。respect は「尊敬」という日本語から連想される「崇めたてまつる」よりもむしろ、**適切な価値を認める**という心の動きと考えてください。

- I hear the Japanese are particularly **respectful** towards their elders.
（日本人は特に長幼の序をわきまえた国民だと聞き及んでいます）
- I'll teach you to be more **respectful**, boy!
（いいか。これからもっと人に敬意を払えるようにしてやる！ ...ポカッ!）

## gracious

丁寧な立ち振る舞い。親切心、思いやり深さが感じられます。そのニュアンスの中心は謙虚さ (humility)。**他の人々を常に自分の前に置く**態度です。

- We thank you so much for your **gracious** hospitality.
（心のこもったおもてなしに深く感謝いたします）

対人関係のフィールド

# tactful

性格・心情というよりも、むしろ処世の技術という趣きの表現。**他人を怒らせたり不快に思わせることを、巧みに避けていく**、ということ。良好な関係を作るセンスに秀でているとも言えるでしょう。

- That was very **tactful** of you to avoid mentioning Nobu's gaffe.
（ノブの失言に触れなかったのはよかったね）

元々この単語は touch を意味するラテン語から。他人に上手に「タッチ」する能力に秀でているということなんですよ。

# diplomatic

これは能力であり、技術です。厄介で困難な状況を、如才無く切り抜ける力。「なめらかな」関係を作り上げます。どう考えてもヤバそうな事態を言質も取られることなく切り抜ける、外交官（diplomat）の能力を想像すれば理解できるでしょう？

- This is a delicate situation, so please be very **diplomatic**.
（デリケートな状況だから、うまくやってくれよ）

① **impolite** ② **cheeky** ③ **impudent** ④ **insolent** ⑤ **impertinent**
⑥ **tactless** ⑦ **blunt**

## impolite

polite の逆。**他人への配慮を欠いて**います。

- Don't say that — it's very **impolite**.
  (そんなこと言うなよ。失礼だろ)

## cheeky

cheek は**生意気・図々しさ**を象徴しています。**brazen, hard-faced**(鉄面皮), **have the nerve to ...**(図々しくも...する)の仲間。言うべきでない・やるべきでないことを平気でやるってこと。

- That bastard had the **cheek** to propose to my fiancée.
  (あいつ図々しくも俺のフィアンセにプロポーズしやがって)

212

## 対人関係のフィールド

cheek の形容詞であるcheekyは主にイギリス英語でよく使われます。**目下の者が礼を失した態度**をとる、という場面が典型的。

A: How should I know?
B: Don't be **cheeky**!
([学校で]「なんで僕がそんなこと知らなきゃなんねぇかな」「生意気なことを言うな」)

日本語では「生(意気)ばっかり言ってぇ」とユーモラスに愛情を込めて言うことがありますね。cheeky も同じように使えます。

Chris: How come you're a such crap pool player?
Nanette: You **cheeky** bastard!
(「しっかし君のビリヤードはゴミレベルだな」「ナマ言ってんじゃないわよ」)

## impudent

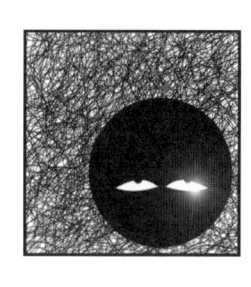

cheeky のシリアスバージョン。目上の社会的な立場が上の人間に対する、**深刻な礼を失した態度**です。

- I will not tolerate such **impudent** remarks — out of my class!
  (そういった失礼な発言を許すわけにはいきません。出てお行きなさい)

ユーモラスな使い方など、もちろんあろうはずはありません。

## insolent

人を小馬鹿にした鼻持ちならなさ、横柄さ(**contemptuous, arrogant**)を感じます。Who the hell are you?(おめぇ一体何様だぁ)って(言いたげな)態度。

- He's the most **insolent** young man I've ever had the misfortune to meet. Absolutely no respect for authority.

(いろんなヤツに不幸にして出会ってしまったが、その中でもあいつはもっとも傲慢。世間を馬鹿にしきっている)

## impertinent

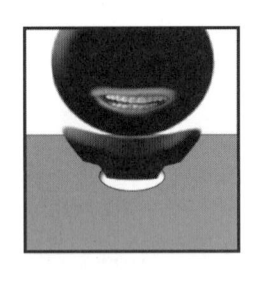

この単語の中に pertain (属する)が見えますか？

やはり大変失礼であることを示す語ですが、その源は社会的に許される範囲を超えた、行き過ぎた好奇心にあります。相手に**厚かましく立ち入った質問をする、といった種類の失礼さ**です。そう「属さない」から「行き過ぎ(out of place)」につながっているのです。

たとえば映画発表の記者会見をしている監督に、私生活上の質問をするような状況。

A: At the risk of sounding **impertinent**, why were you at that hotel with your leading actress?
B: Well, you are being **impertinent**. I'm not here to

    answer such questions.

(「立ち入ったことを伺うようですが、なぜあなたは主演女優とあのホテルにいらっしゃったのですか?」「実に失礼だよ、君。私はそんな質問に答えるためにここにいるわけじゃないんだ」)

out of place であり、YOU HAVE NO RIGHT! という憤りを感じることができますね。

## tactless

もちろん tactful の逆。ヘマをやらかします。**考えなしに、言うべきでないことを言って相手の気分を損ねてしまう**(put your foot in it) のです。

- Never confide in her — she's so incredibly **tactless**.
  (彼女を信用して打ち明けちゃダメだ。信じられないぐらい考えなしだから)
- He asked him if he was wearing a toupee — how **tactless** can you get!
  (カツラをつけてるか尋ねたんだぜ。どれだけ考えなしなんだか)

## blunt

**鈍い。sharp** の逆。a blunt knife を想像してください。研磨という refinement (洗練)を経ておらず、ただただ鈍く、なまくらなのです。

さあこの単語が対人関係に使われるとどういう意味になるのでしょうか。それは**無愛**

**想・ぶっきらぼう**。blunt remarks とは、相手に悪印象を与えないための工夫をしていない、refine されていない、そのまんまの率直で無愛想な発言ということ。call a spade a spade（歯に衣を着せない）という態度です。brutal honesty（野蛮な正直）と言ってもいいでしょう。もちろん相手は blunt object（鈍器：ハンマーなど）でたたかれたような衝撃を感じますよ。

- They were all shocked by her **blunt** refusal to cooperate.
 （協力を拒む無愛想な態度に、誰もがみなショックを隠せなかった）
- Jack's **blunt** manner will never make him popular, but at least he's honest.
 （ジャックは無愛想な態度を取るから人には好かれないだろうけど少なくとも正直だよ）

\*\*\*\*\*\*\*\*\*\*\*\*\*\*\*\*\*\*\*\*\*\*\*\*\*\*\*\*\*\*\*\*\*\*\*\*\*\*\*\*\*\*\*\*\*\*\*\*\*\*\*\*\*\*\*\*\*\*
## ■ straightforward
「真っ直ぐ」というイメージから、同様の direct honesty（率直さ）をあらわしますが、ガン！ と人を殴りつけるようなショッキングさはありません。

\*\*\*\*\*\*\*\*\*\*\*\*\*\*\*\*\*\*\*\*\*\*\*\*\*\*\*\*\*\*\*\*\*\*\*\*\*\*\*\*\*\*\*\*\*\*\*\*\*\*\*\*\*\*\*\*\*\*

判断のフィールド

同

① **same** ② **identical** ③ **indistinguishable** ④ **similar** ⑤ **alike**
⑥ **comparable** ⑦ **equivalent**

判断のフィールド、最初のグループは「同―異」です。私たちが日常行う判断であるだけに、多くの単語が集まっていますよ。

## same

**同じ**。もっとも幅広く使われる単語。**「同一のもの」から「同種のもの」まで**示すことができます。

- Our English teacher wears the **same** suit every day.
  (僕らの英語の先生、毎日同じ背広着てるんだ)　　　　　〈同一〉
- What a coincidence! We're wearing the **same** dress.
  (なんて偶然。私たち同じドレス着てる)　　　　　　　　〈同種〉

「そっくり」を強調するには、**just the same, exactly the same**(まったく同じ)などと言います。

- He says they're different but they all look **exactly the same** to me.

**判断のフィールド**

(彼は、ちがうって言うけど僕にはまったく同じように見えるな)

## identical

2つのものが、**どこから見てもまるっきり同じ**。

- The 2 signatures are **identical**.
  (この2つのサインはまったく同一です)
- The houses are all **identical** in size.
  (ここの家はすべて同じサイズで作られています)

## indistinguishable

「in (not) + distinguish (見分ける) + able (できる)」。**区別がつかない**です。

- This new synthetic material is **indistinguishable** from 100% cotton.
  (この新しい化繊は100%綿と区別がつきません)
- In the darkness, the terrorists and police were **indistinguishable**.
  (その暗闇では、テロリストと警察の区別はつかなかった)

## similar

　same よりも似ている度合いが下がります。だいたい同じってこと。似通ってはいますが、**同時に多少の相違点も意識されています。**

- I agree the colours are **similar** but they're clearly not the same.
（色が似ていることは認めるけど、あきらかに同じじゃないね）
- My wife and I have **similar** tastes in literature.
（家内と文学の趣味がだいたい同じです）

## alike

**似てる。**

- You and your dad are so **alike**.
（君とお父さんとっても似てるね）

　be alike を使った場合、外見よりも「性格」「キャラ」に重きがおかれています。外見が似ている場合は look alike（look like . . .）を使ってくださいね。もちろん人に限らず使えますよ。

- All good books are **alike**.
（よい本というものは似ているものだ）

Hemingway です。

## 判断のフィールド

## comparable

「compare（比較する）+ able（できる）」。「比較できる」という成り立ちをもった単語ですが、**同等・類似**をあらわします。

みなさんは close enough to bear comparison という言い回しをご存じですね？「比較になるぐらい近似している」ということ。

つまり「比較」はそもそも似たようなレベルあることを前提としているんですよ。

- The cost of living in London is **comparable** to that in Paris.
  （ロンドンでの生活はパリと同等のお金がかかる）
- A **comparable** house would be far cheaper in the country.
  （その国では同等の家がはるかに安く買えるよ）

## equivalent

**等価**（equal value）。

- ¥10,000 is **equivalent** to $125.
  （1万円は125ドルに相当する）
- "Don't call us, we'll call you" is **equivalent** to saying "You haven't got the job!".
  （「連絡は私たちの方からさしあげます。そちらからはお控えください」は、「落ちました」って言ってるのと同じだよ）

## 「同じ」をあらわす各種表現

「同じ」をあらわす主なフレーズをいくつか学んでおきましょう。きっとどこかで使えます。

### ■ reminiscent of
reminiscent に 'remind' という単語が見えてきましたか？ そ。何かを「思い出させる」、そうした類似性を持っているということです。

Blair made a speech **reminiscent of** Churchill.
(ブレアはチャーチルを彷彿とさせる演説を行った)

### ■ be the spitting image of
誰かとまったく同じように見えるってこと。spit は「唾を吐く」。ブエッと唾を吐いたら同じものがモコモコ...そんな風にこのフレーズを考える人もいます。

Chris **is the spitting image of** Brad Pitt.
(クリスはブラッド・ピットとそっくり)

妙な例文紛れ込ますなよ。

### ■ be a chip off the old block
古い木の固まりから削り出されたチップ。親に似てるということ。親の美点を受け継いでいることをあらわします。

What a great footballer John is! Yeah, he's **a chip off the old block**.
(ジョンはすごいサッカープレーヤーだね。うん。親譲りだよ)

**判断のフィールド**

異

① **different** ② **unique** ③ **distinct** ④ **distinctive** ⑤ **separate**

「異なる」にもさまざまなバリエーションがありますよ。

## different

**ちがう**。もっとも一般的な単語。特殊なニュアンスはありません。

- Look, she's wearing **different** socks!
  (見ろよ。彼女靴下ちがうよ)
- I'd like this in a **different** colour, please.
  (もうちょっとちがう色が欲しいんだけど)

厳密なイギリス英語では、みなさんが中学校で勉強したように前置詞 from とコンビネーションを作ります (Yours is **different from** mine.)。相違は「距離感」を伴いますから、from がピッタリ。ですが最近は to や than (アメリカ英語) も見かけます。to は依然としてショッキングな選択ですが、差異をあらわすのに適した than はかなり広く受け入れられています。

## unique

uni- は「1」。**他のいかなるものとも似てません**。ここから「非常に特別な」という使い方も生まれます。

- Each fingerprint is **unique**.
  （どの指紋も他と異なる）
- This is a **unique** opportunity — grab it!
  （こんな機会はまたとない。無駄にするな）

## distinct

**他と明白に区別される明瞭な輪郭**、そこにこの単語がもつイメージの焦点があります。

- Spanish and French might have the same origins but they are two quite **distinct** languages.
  （スペイン語とフランス語は同じ起源をもつかもしれないが、2つはあきらかにちがう言葉だ）
- These 2 issues are quite **distinct** from each other, so let's not confuse them.
  （この2つはあきらかにちがう問題だ。混同しないようにしよう）

ともすれば「同じ」と考えられてしまいそうなものに対して、「ほら、明白にちがいますよ」と境界線を引く気持ちで使われます。

> 判断のフィールド

## distinctive

　その事物のもつ——他と明確に異なった——**際だった特徴に焦点**が当たっています。

- Coffee has a very **distinctive** aroma.
  （コーヒーは大変特徴的なにおいがします）
- Rod Stewart has a **distinctive** voice, don't you think?
  （ロッド・スチュワートの声にはすごく特徴があるよね。そう思わない？）

## separate

**分離**。それぞれは別物です。

- These are two **separate** matters that should be dealt with independently.
  （2つは別個の問題。ですから独立して扱わなくてはなりません）

## 「異なる」をあらわす各種表現

### ■ be poles apart

North Pole（北極）と South Pole（南極）を考えてみましょう。まったく別物、ですね。

We're **poles apart** socially but we love each other.
（僕たちは住む世界がまったくちがうけど、愛し合ってるよね）

### ■ be a whole new ball game

新しい(野球の)試合。これまでとまったく異なる状況ということです。もちろんアメリカ英語発祥ですが、今では広く一般に用いられます。

Training for war is one thing but being in the thick of battle **is a whole new ball game**.
（戦闘訓練と実際に戦場のまっただなかにいるのとは、まったくちがう）

### ■ be on a different wavelength

ちがう波長。文化放送にダイアルが合っていては NHK は聞こえてきません。まったく考え方がちがって理解できないこと。

Most adolescents think their parents **are on a different wavelength**.
（ほとんどの青少年は親とまったく波長が合わないと思っている）

もちろん逆(ピッタリと考え方が合うこと)は、**be on the same wavelength** ですよ。

**判断のフィールド**

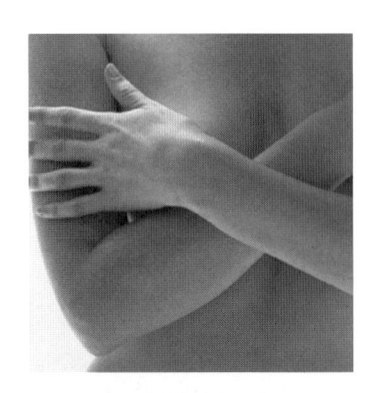

① safe  ② harmless  ③ secure  ④ peaceful

「安全・危険」も、基本的で重要な判断の1つ。安全が保障されることが生活の基本ですからね。

## safe

安全。もっとも一般的な単語です。

- It's not **safe** to walk the streets at night.
  （夜の街を歩くのは安全じゃないよ）
- Leave your belongings here — they'll be perfectly **safe**.
  （持ち物を置いていってくださいね。まったく危なくないですから）

「安全」には2通りの使い方があります。1つは上の例のような「危害を受けない (not likely to be harmed)」ということ。もう1つは次のような「危害を加えない (not likely to cause harm)」という「安全」です。

- Bungee-jumping is much **safer** than many people think.
  （バンジージャンプは多くの人が考えるよりもはるかに安全です）

まぁ当たり前っていえば当たり前のことなんですがね。

## harmless

**無害**。harm（害）に -less（がない）がついていることに注意しておきましょうか。「害」をうち消しているわけです。「私のパソコンは無害です」「私の祖母は無害です」とはなかなか言いませんね。そもそも有害そうに思える人・モノなどに使うのが普通です。

- That's Jim. He looks mean but he's **harmless**.
  （あれがジムだよ。意地悪そうに見えるけど大丈夫。無害だから）
- Most snakes are completely **harmless**.
  （ほとんどの蛇はまったく無害です）

## secure

**安心感。守られている感触**（**feeling safe & protected**）。それが secure。

- You'll feel much more **secure** once I've installed the burglar alarms.
  （防犯ベル取り付けたらずっと安心できるはずだよ）
- I don't think it's **secure** to buy things on the Internet.
  （インターネットで買い物するのはあまり安全とは思えないな）
- Is this a **secure** line?
  （これ、盗聴なんてされてないだろな）

特に犯罪が連想されることがわかりますね。もちろんそれに限るわけではありませんが。

- To feel **secure** is a basic psychological need.
（安心感は人間誰しも必要なものです）

## peaceful

戦争、**争いごとがない状態**。へーわ。そりゃ安全ですわな。

- We must do our utmost to find a **peaceful** solution to this terrible situation.
（このひどい状況で平和的な解決策を見つけるために最前を尽くさねばならない）

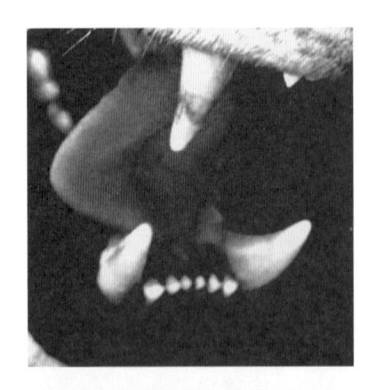

# 危険

**① dangerous ② risky ③ hazardous ④ treacherous ⑤ perilous ⑥ poisonous ⑦ toxic**

さて、それでは「危険」グループをご紹介しましょう。安全にはそれほど種類はありませんが、危険はちがいます。dangerous だけの語彙力から1日も早く脱皮してくださいね。

## dangerous

危険をあらわすもっとも一般的な語。何も特殊なにおいはついていません。

- Police work can often be **dangerous**.
  （警察の仕事はしばしば危険を伴う）
- Be careful, these men are armed and **dangerous**.
  （注意しろ、あいつら武器をもっていて危ないから）

判断のフィールド

# risky

潜在。**何か悪いことが起こる可能性が潜在している**ということ。

- Many governments are still saying that it's **risky** to visit China.
（多くの国では依然として、中国に行くのは危険だと考えている）
- We could try storming the building but it's very **risky**.

（ビルに乗り込むこともできるが、非常にリスクは高い）

# hazardous

書き言葉的。**危険な物・ものごとをピンポイント**して警告します。

- Smoking can be **hazardous** to your health.
（喫煙は健康に有害である）
- Chemical plants are full of **hazardous** substances.

（化学プラントは有害物質で充満している）

- The refugees knew the journey would be **hazardous**.
（難民はその旅が危険なものになるとわかっていた）

## treacherous

この語には **treachery**（裏切り）、**traitor**（裏切り者）を感じます。「普段は大丈夫。でも今は...」と、**親しい友人が一変、牙をむく感触**があるのです。**気象条件・地形状態など、大自然がらみ**によく使われます。

- The snow blizzard made driving conditions extremely **treacherous**.
（吹雪によって運転が極端に危険になった）
- The slippery rocks became even more **treacherous** after the heavy downpour.
（土砂降りのおかげで元々すべりやすい岩はさらに危険になった）

## perilous

peril は**非常にシリアスな危険**。戦争や海など**強大な力**を感じます。その形容詞 perilous はかなりカタい、文学調の言葉です。

- The captain was determined to round the Cape despite the **perilous** conditions.
（船長は危険を顧みず喜望峰をまわっていくことを決心していた）

judgeのフィールド

## poisonous

poison (毒)の形容詞。**有毒をあらわす一般語**。

- The adder is the only native English snake which is **poisonous**.
  (クサリヘビはイギリスでは唯一の毒蛇です)
- These mushrooms are **poisonous**.
  (このマッシュルームには毒がある)

## toxic

これも**有毒**。もともと矢に塗る毒を意味していた単語ですが、今では、科学的・技術的な感触のある「有毒」です。poisonous が自然の毒を指すことが多いのに対して、toxic は普通有毒な化学薬品・ガス・廃棄物など、**人工的な有毒物質**を示します。

- Many people died from the **toxic** fumes.
  (有毒な排気ガスで多くの人が亡くなった)
- Disposal of the **toxic** waste is a major problem.
  (有毒廃棄物は今大きな問題となっている)

# 難

① **difficult** ② **hard** ③ **tough** ④ **daunting** ⑤ **rough** ⑥ **prickly** ⑦ **thorny** ⑧ **challenging** ⑨ **heavy** ⑩ **taxing** ⑪ **demanding** ⑫ **exacting**

「難易」の判断は感覚のオンパレード。非常にさまざまな感覚が絡んできます。まずはさまざまな意味での困難・大変をあらわすグループから。

## difficult

もっとも一般的な語。特殊な色はついていません。理解困難の他、実現困難、障害の存在、取り扱い困難などなど、何でもござれ。

- This question's too **difficult** for me. 〈理解困難〉
  (この質問、僕にはむずかしすぎるよ)
- Things are **difficult** at the moment with the recession and everything. 〈障害の存在〉
  (不景気やらなにやらで、何かとむずかしい状況にあるよ)
- My mother-in-law can be so **difficult** at times.
  (私の姑、時々すっごく気難しくなるのよ) 〈取り扱い困難〉

判断のフィールド

## hard

「かたい」と「困難・大変」は近い位置にあります。かたければ、**打ち破る(理解する・成就する)ことがむずかしくなり、努力を要する**からですよ。

hard は difficult と同様、非常に広い使用域をもっています。

- The English test was really **hard**, wasn't it? 〈理解困難〉
  (英語のテスト大変だったねぇ)
- On wet days it's much **harder** to get the engine started.
  (雨の日はエンジンかけるのが大変だ) 〈実現困難〉
- Have you had a **hard** day at work, darling? 〈障害の存在〉
  (ねぇ、今日はきつかった?)
- Mary is **hard** to get along with. 〈取り扱い困難〉
  (メアリーとはうまくやってくのが大変だ)

➡ かたい ➡ 厳

## tough

tough の**はねかえす力**が「むずかしい」につながります。ニュアンスの中心は**扱いづらさ**。tough meat (かたい肉)を口の中に放り込んでください。その感触です。打ち破るには**相当の努力・決意が必要**になるでしょう。

- The President faced many **tough** questions about Iraq from the press.

（大統領はイラク問題について記者団から厳しい質問を受けた）

➡ かたい　➡ 厳

## daunting

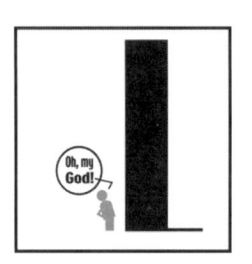

**あまりにも困難**。怖じ気づいたりひるんだりしてしまいます。

- It's a **daunting** task but we are determined to do our best.
（大変な仕事だが我々はベストを尽くすよ）
- Mr. Nakagawa found the prospect of having to make a presentation in English extremely **daunting**.
（中川氏は英語でプレゼンをやらなくてはならないことになり、頭を抱えている）

## rough

あらいてざわりの代表選手 rough は、「難」にもうまくマッチします。smooth でないということは、**越えなければならない多くの障害を暗示**するからです。いくつか例文を眺めてみましょう。すぐに慣れますよ。

- They gave me a **rough** time in the interview.
（面接はかなり厳しかったよ）
- I've had a **rough** day.
（たいへんな一日だったよ）

判断のフィールド

- You have to take the **rough** with the smooth.
（良い時も悪い時もあるさ）
- His business is going through a **rough** patch.
（彼の商売は厳しい局面を迎えている）

どの文にも一筋縄ではいかない障害が暗示されていますね。
➡ あらいてざわり　➡ 野卑

## prickly

prick は棘。新しい T シャツについている価格タグを取らずに着ている感じ。チクチクチクチク。その**チクチク感**が、扱いのむずかしさにつながります。

- Abortion has always been a **prickly** issue.
（堕胎は厄介な問題です）

人に使われると ...

- Don't ask Dad anything this morning — he's so **prickly**.
（お父さんには何も頼むな——今日はトゲトゲしてるぞ）

イライラしてるんですね。
➡ あらいてざわり

## thorny

thorn にはバラの棘を想像してくださいね。prick はチクチク感でしたが、thorny は**近寄りがたさ**。でかい棘が邪魔をして幹にまでたどり着けないのです。答えを出しがたい問題、議論百出の厄介な

問題にピッタリな表現。prick よりも強い意味合いですよ、当然。

- How to rid the world of terrorism is a really **thorny** problem.
（テロリズムの根絶は大変厄介な問題です。）

➡ あらいてざわり

## challenging

この単語も「むずかしい」——多くの障害が予想されるような——ことに変わりはありませんが、そこには何やら**ワクワク感**があります。何かに挑戦すること、乗り越えることが必然的にもたらすワクワク感です。

- Living in a foreign country is a **challenging** experience.
（海外で暮らすのはやりがいがある）

## heavy

「かたい」同様、重さの感覚もこのグループと緊密なつながりがあります。**のしかかってくる圧力、要する努力**。それがイメージ。

- Chomsky's a bit **heavy**.
（チョムスキー［の本］はちょっと［理解が］大変だよね）
- Have you had a **heavy** day, darling?
（ねぇ、今日キツかった？）

➡ おもい

判断のフィールド

# taxing

「正しい納税、明るい社会」、いくら標語を並べられてもイメージは変わりません。重くのしかかり(**burdensome**)、受け入れがたいもの、それがtaxです。taxingはその延長線上にあります。**「重くてもう限界！」**それがイメージ。

- My new job is very **taxing** — I don't know if I can cope.
  (仕事すごくたいへんなんだよ。やっていけるかどうかわからない)

# demanding

demand(要求する)から、この語の意味は類推できますね。**遂行に多大な努力を要する**ってことですよ。

- He has a **demanding** job — he has to work extremely hard.
  (彼の仕事はたいへんだよ。死ぬほど一生懸命やらなくちゃいけない)
- Old people can be very **demanding**.
  (老人にはとても手がかかることがある)

私の祖母は「あれしろ、これしろ」「腹が減った」「酒飲みたい」「眠れないから腰を揉め」と、たくさんのことを demand します。まさに difficult to deal with なんですが、手をつないでコーヒーを飲みに行ったりすると、可愛いなぁってしみじみ思います。

239

## exacting

taxing, demanding と似たニオイをもつ単語ですが、**exact**（正確な）が含まれていることからわかるように、意味の焦点は**妥協を許さない**（**uncompromising**）にあります。

- She is a very **exacting** boss.
  （とても厳しいボスだよ、彼女）
- Proof-reading is **exacting** work.
  （校正作業は厳しい仕事だ）

成否の基準が非常に高く、極度の注意力を要求する感触があります。

判断のフィールド

## 「むずかしい」をあらわす各種表現

### ■ have a job

くだけた表現で、「すっごくむずかしい」です。これからすることが話題になっているときには、「だから多分失敗するよ」という含みも感じられます。

He'll **have a job** finding a partner with his looks and character.
(彼の外見とか性格とか考えると、誰かとつきあうのはむずかしいだろうな)
I **had an awful job** fixing my motorbike.
(バイク直すの、ものすごく大変だったよ)

### ■ have your work cut out

すっごくむずかしいことに変わりはありませんが、ニュアンスの焦点はすっごく一生懸命やらなくちゃできないよにあります。

We'll **have our work cut out** to meet the deadline for this book.
(この本の締め切り守るためには死ぬほどがんばらないといかんだろうな)

### ■ make a meal of

実際はむずかしいことではありません。むずしく見えてるだけ。やってる人が無能だったり、同情を引くためにわざとやってたり。

He's **making a real meal of** ironing his shirt.
(アイロンかけごときでドタバタやってる)
Stop **making such a meal of** it — it's not that hard!
(大げさにやるなよ。そんなに大変じゃないよ)

① **easy** ② **smooth** ③ **simple** ④ **soft** ⑤ **flexible** ⑥ **pliable**
⑦ **effortless** ⑧ **facile**

容易さにもさまざまな感覚的起源があります。主なものは「やわらかい」と「なめらかなてざわり」。

## easy

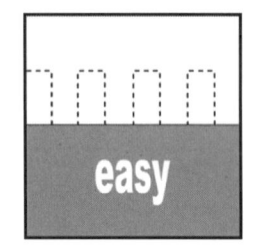

容易さをあらわすもっとも一般的な単語。ですが、この単語は「簡単な」以外にもさまざまな意味合いをもっているのをご存じですか？ "**Easy, easy.**（平静に、落ち着いて）", **ease** the pain（痛みを楽にする）…

ほら、この単語の底には「平たい」「凸凹していない」という感触があることがわかるでしょう？ 波だっている精神状態、痛みのコブが突き出ている感触、それを「平たく」するというわけ。

「簡単な」という概念が「スムーズさ」から生まれていることがわかりますね。**スムーズで障害がない**、ということなのです。

判断のフィールド

- The English test wasn't **easy**, was it?
  （英語の試験は簡単じゃなかったよね）

## smooth

もちろん**スムーズで障害がない**。

- We have to thank you for the **smooth** running of the conference.
  （会議のスムーズな運営に感謝します）

「なめらか」の代表選手 smooth が一番多く顔を出すのはその副詞バージョン、smoothly として。**go smoothly**（スムーズにいく）などとよく使われます。

→ なめらかなてざわり　　→ 洗練

## simple

simple の**「単純」は、「簡単」につながります**。単純な問題・課題は容易に解決できますからね。

- It won't be that **simple** to find a way out of this mess.
  （このくそったれな状況から脱出するのは、それほど簡単なことじゃないと思う）
- The US is finding that running Iraq is neither **simple** nor easy.
  （アメリカはイラク運営が単純でも簡単でもないことをわかり始めている）

→ 単純

## soft

hard が「むずかしい・大変」方向に広がったことを考えると、soft に「簡単・楽」が結びつくのも自然な成り行きだとわかるでしょう。

- He enjoys a **soft** life — he doesn't even have to work!
  (楽な人生を送っている。働く必要すらないんだ)
- Some people prefer war and believe that negotiation is the **soft** option.
  (戦争を好み、交渉が安易な選択だと思いこんでいる人もいる)

どちらの文にも「容易な」が感じられますね。**クッションに乗っかっているようなお気楽さ**。それが soft です。

➡ やわらかい　➡ 寛容

## flexible

これは簡単。**目的に容易に対応する**、それが flexible。元々の意味からやすやすとでてくる使い方。

- This is our proposal but obviously it's **flexible**.
  (これが我々のプランだ。だけどもちろん多少変えてもいいんだよ)
- I don't mind when we go — I'm quite **flexible**.
  (出発はいつでもいいよ。合わせるよ)

➡ やわらかい

## 判断のフィールド

## pliable

あまりにへろへろ。**容易に言いなりになる・影響される**、それがイメージです。次のような文を聞いたことがありますか？

- They were **like putty in my hands**.
  (奴らは手の中のパテみたいだ)

窓枠とか、車のへこみに使うパテですよ。形が意のままに変わるでしょ？ これが pliable の感触です。

- Dictators prefer to have **pliable** subjects.
  (独裁者は言いなりになる臣下を好む)

➡ やわらかい

## effortless

文字通り「努力することなく」を意味することもありますが、多くの場合、訓練・才能によって勝ち取られた「何気なく」です。

- Fred Couples' golf swing seems so **effortless**.
  (フレッド・カップルズのスウィングは本当に何気なく見える)

長年の練習・訓練によって裏打ちされた「やすやす」、それが effortless ということなんですよ。

## facile

フランス語ではこの単語、easy をあらわす普通の単語です。ですが外来語の常として、そこにちょっとしたひねりが生じているのです。それは **too easy という否定的な意味合い**。安易、安直、皮相的。「そんなこと誰でもすぐに思いつくよ」というニュアンスです。

- No, that's far too **facile** a solution to this problem.
  （それはあまりに安易な解決だろう）
- I've had enough of his **facile** remarks.
  （ヤツの安直な発言はもうたくさんだ）

**判断のフィールド**

① **new** ② **brand-new** ③ **novel** ④ **innovative** ⑤ **original**
⑥ **fresh**

判断のフィールド、ポピュラーなグループをすべてやっつけてしまいましょう。「新・古」これも毎日私たちが下す基本的な判断の1つ。

## new

もっとも一般的な単語。**できたばかり**とか**使われたことがない**、ってこと。

- Is that a **new** car you've got?
（あれが君が買った新車?）
- We need a **new** washing machine — the old one's had it.
（新しい洗濯機がいるな。古いやつはダメになっちゃった）

## brand-new

まったく新しい (completely new)。フレッシュです。brand と

言っても、SEIKO とかと直接の関係はありません。

brand はもともと「火」。brand new とは、金床の上でたたかれたばかりの、真っ赤に燃えている...そう、 fresh from the fire ということなのです。

英文学の人は fire-new (= brand new) という表現を知っているかもしれませんね。そう Shakespear が *Twelfth Night*（十二夜）の中で使った表現。ふふふ、ちょっと学あるとこ見せちゃったかな。

- Have you seen John's **brand-new** Ducati motorbike?
  （ジョンの真新しいドゥカティのバイク見たかよ）
- These golf clubs look **brand-new** but they're second-hand.
  （このゴルフクラブ、ピッカピカの新品に見えるけどさ、実は中古）

あ。綴りまちがえた。Shakespeare だった。

## novel

ラテン語の novus (new) から。ですが単なる「古い」の反対語ではありません。そこには今までまったく見たことがない、鮮烈な新しさ（strikingly new）があるのです。

- They have a **novel** way of presenting English grammar — very interesting.

（彼らは英語文法にまったく新しいアプローチをしている。非常に興味深い）

判断のフィールド

- I'm not sure her ideas will work but they are certainly **novel**.
（彼女のアイデアがうまく行くかはわからないが、確かに新しい）

## innovative

これもラテン語起源。もともとは renew（新しくする）という意味。旧態依然としたものに新しい息吹を吹き込みます。**創造性と機知**を感じさせる語です。

- I hired Gary because he is a very **innovative** designer.

（ギャリーを雇ったのは、彼が非常に革新的なデザイナーだからですよ）

## original

origin は源。**まったく他に類するものがない**という意味での新しさをあらわします。

- I enjoyed the book but didn't find it very **original**.
（その本よかったけど、あんまりオリジナルなものとは感じなかったな）
- She always comes up with the most brilliant **original** ideas.
（彼女、いつでもすごくすばらしい独特のアイデアを思いつく）

## fresh

　「新鮮」だけではなかなか使いこなせません。野菜や果物に限らず、たとえばできたてのパン（fresh bread）、洗濯仕立てのふわふわな（**fluffy**）タオル（fresh towel）、まだ使っていない紙（fresh paper）も fresh の領分です。歯磨きしたての息だって fresh breath ですよ。そう、**生き生きとした・エネルギーに満ちた・魅力的な**...そうしたイメージの単語なんです。**古くてすり切れていてデロデローの逆**ってことですな。

　野菜・果物だけでなく、次のような豊かな使い方も視野に入れてくださいね。

- We need to make a **fresh** start.
  （キモチを新たにやり直そう）
- A **fresh** approach is required if we hope to make progress.
  （前に進みたいなら、新しいアプローチが必要だな）
- We have **fresh** evidence which has changed the direction of our investigations.
  （我々の捜査の方向を変える新しい証拠がある）

▶ いいにおい

**判断のフィールド**

① old ② used ③ second-hand ④ antique ⑤ antiquated
⑥ archaic ⑦ ancient ⑧ obsolete

「古」。これにもさまざまなバリエーションがありますよ。

## old

**古い**。モノにも人にも使えます。

- It's about time you got rid of that **old** car of yours.
  (そろそろ君の古い車、捨てどきだね)
- You're never too **old** to start something new.
  (新しいことを始めるのに年を取りすぎたということはない)

もちろん「年月を経た」以外に、「前の (former)」をあらわすこともできます。日本語と同じですね。

- I prefer the **old** model.
  (前のモデルの方が好きだな)
- I had dinner with my **old** boss.
  (前のボスと夕食を取った)

251

my old boss は 28 歳でもかまいませんよ。

## used

**中古**。この意味で old はかなり奇妙です。used あるいは second-hand を使ってくださいね。used は**特に車**によく使われます。

- My uncle is a **used** car dealer.
  (おじさんは中古車ディーラーです)

## second-hand

やはり previous owner (以前の所有者)がいた、ということ。中古品。used よりはるかに広く使われます。clothes (服), cars (車), books (本), furniture (家具)などなど。idea ですら second-hand になりえます。

- I love rooting around in **second-hand** bookshops.
  (古本屋を回るのが大好き)
- I got this great **second-hand** TV at the flea-market.
  (フリーマーケットで、このいいテレビ見つけたんだ)

## antique

**大変古く、そして価値あるもの**です。

- She bought this beautiful **antique** Ming vase.
  (彼女がこの美しい明朝のアンティーク花瓶を買ったんですよ)

判断のフィールド

- I have a collection of **antique** watches.
（僕アンティークウオッチ集めてるんだ）

## antiquated

antique と同じ語源ですが、**否定的な言い回し。時代遅れで使い物になりません**。「なんでいまだにこんなものがあるんだ」という感情を含んでいます。

- Many places still have **antiquated** laws about homosexuality.
（多くの国の同性愛に関する法律は、時代遅れのままだ）
- **Antiquated** control systems are responsible for flight delays.
（飛行機が遅れるのは時代遅れの管制システムのせいだ）

## archaic

**はるか昔をあらわす中立的な言い回し**。The Archaic Period（大体 8000 BC–1000 BC）と、時代の名称にもなっています。もちろん archaic なものは現在まともに使えはしませんが、antiquated のような強い否定的な感情は普通含まれません。

- It's interesting to see how Shakespeare uses **archaic** words.
（シェークスピアにおける古語の使い方には興味深いものがある）

## ancient

**何百年も何千年も遡る**。ほとんど古代エジプトや古代ローマを感じさせる表現です。

- We visited the **ancient** ruins of Angkor Wat in Cambodia.
（カンボジアの古代遺跡アンコールワットに行った）

- Britain has lots of fascinating **ancient** customs.
（イギリスには大昔から続いている習慣が残っている）

くだけた会話では、**really old** という意味でユーモラスに使われることもあります。

- Your camera is **ancient** — why don't you get a new digital one?
（君のカメラ、年代物だね。なんでデジタルカメラ買わないの）

## obsolete

タイプライターかぁ、死ぬほど便利に思えた機械も、もはや useful ではなく、useless。うう。でも捨てられぬ。どうしても捨てられぬ。それはね。死ぬほど貧乏性だから。

obsolete は useless とイメージが重なります。**古くさく時代遅れ。代替わりしてもはや useless になってしまってる**んです。

- 70% of PC users are using **obsolete** machines.
（パソコンユーザーの7割は時代遅れのマシンを使っている）

obsolete の焦点は useless にあります。古くなって useless に

**判断のフィールド**

なるのはその典型的なケース。中の部品が壊れて useless になることだって示すんですよ。

- Making things **obsolete** is a clever way companies have of getting you to buy another newer type of something you already own.
（製品を壊れやすくして新しい製品を買わせるというのは、実に巧妙なやり口だ）

こういったやり口を **in-built obsolescence** と言います。ちょっと考えてみてください。私の子供のころは toaster（トースター）なんて何年でももちました。最近はどうですか？ すぐに壊れてしまうでしょう？ 新しい電気製品が壊れるたびにオヤジは愚痴るのです。 Things were made to last in the good old days . . .

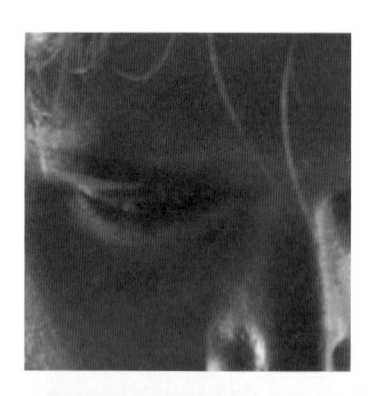

# 重要

① **important** ② **major** ③ **vital** ④ **key** ⑤ **valuable** ⑤ **invaluable** ⑦ **crucial** ⑧ **critical** ⑨ **significant** ⑩ **big**

「重要」は感覚の宝庫。重さ、大きさなどさまざまな感覚が「重要な」を目指します。

## important

まずはもっとも有名なこの単語から。import に注意しておきましょう。「持ち込む (carry in)」から**重さの感覚**が生じています。フッと息を吹きかけて吹き飛ばすことなどできない、そうした質量感が重要性へとつながっているのです。

- I can't see you now — I have an **important** meeting to attend.
  （今は会えないよ。重要な会議に出席しなくちゃならないんだ）
- It's extremely **important** to check his temperature every morning.

(毎朝必ず体温を測ってあげなくてはなりません)

名詞の形 import には、こうした「重さ=重要」のニュアンスがより顕著に見られます。

- This is a topic of great **import**.
  (ゆるがせにできない重要なトピックです)

## major

「より大きい(greater)」という語源です。他のものよりも大きい...そこから「主要・重要な」につながるのは自然な成り行きですね。

- Bullying is becoming a **major** problem in many of our schools.
  (イジメはわが国の多くの学校で重大な問題となっている)

比較級を語源にもつからでしょう、この語には比べる感覚が伴っています。他の**「より小さい(minor)」ものが常に意識されている**のです。野球の Major League は Minor League に対する表現ですし、上の文では「minor problem はいろいろあるけど、major なのは...」という感覚です。

# vital

**life**(生命)がイメージ。**vital organs** といえば、心臓や脳など生命に不可欠な器官のこと。「生死に関わる」から連想される深刻な重要性であり、絶対に欠かすことができない(absolutely necessary)ことを示します。

- Your presence is **vital** to the survival of the company.

(この会社が生き残っていくためには君の存在が不可欠なんだよ)

- Ichiro played a **vital** role in the Mariners' success this season.

(イチローは今シーズンのマリナーズの成功に多大な貢献をした)

# key

**宝箱への鍵**、それがイメージ。何かを理解したり、成就したりするための鍵ってこと。もうほぼ日本語になってますね。key point(キーポイント)、key player(キープレーヤー)...解説の必要はないでしょう。

- The 3rd Battalion took the town Wednesday, seizing a **key** bridge over the river.

(第3大隊は水曜日、戦略上の要所となる橋を奪取し都市を制圧した)

- Education will be a **key** issue in the coming elections.

(教育は今度の選挙の大きな争点となるだろう)

## 判断のフィールド

## valuable

これは簡単。**value**（価値）から重要性が生まれています。

- Sorry to take up so much of your **valuable** time.
  （貴重なお時間を割いていただいて申し訳ありません）
- Helen is a very **valuable** member of our staff.
  （ヘレンは大変重要なスタッフです）

## invaluable

接辞（この場合は in-）は語彙の意味を類推する非常に有力な方法ですが、ときおり注意が必要な場合があります。

「valuable が『価値ある』だから invaluable は『価値がない』だな」...理屈はわかりますが、それはご短慮。in- の否定は「価値を考えることができる」をひっくり返しています。「評価することなど到底できない**ほど貴重な**」、つまり **priceless**（値段をつけることができないほど貴重な）ってことです。valuable より数段高い価値を認めているのです。

- Thank you for your **invaluable** advice.
  （かけがいのないアドバイスありがとうございました）

注意を要する接辞で同様に有名なのが **inflammable**（引火性の）。この in- は「そうした性質を内在させている」といった意味で使われています。それを否定の in- と誤解すると、とんでもないことが起こってしまうってわけ。「不燃性の」は **nonflammable** です。

まぁもっともこの単語は、ネイティブにとっても誤解を生じやす

いし誤解されると非常に危険なので、警告文などでは **flammable** と in のない形（意味は同じです）が優先されています。

## crucial

**crux** が強くイメージに折り重なります。crux とは「十字（= cross）」。今後の事態の推移を決定づける運命の分岐点です。ここから crux には**最重要ポイント**という意味が生まれています。

- This is the **crux** of the matter.
（これが問題の核心です）

さて前置きが長くなりましたが、crucial も同じイメージ。今後の成り行きすべてはこの一点にかかっています。そういった意味での「重要」なのです。

- It is absolutely **crucial** we stick together on this.
（どうしても協力して事に当らなくちゃならん）
- He sold all his stocks at the **crucial** moment.
（決定的なタイミングで株をすべて売り抜けた）

判断のフィールド

## critical

crucial と同様、事態の成り行きを分ける重要性をあらわしていますが、そこに**切迫感・緊急性**（imminence, urgency）を付け加えてください。この単語は crisis（危機）を思い起こさせます。危険・リスクが感じられているのです。

- He's in intensive care — the next few hours will be **critical**.
（彼は今集中治療室にいます。これからの数時間が生死を分けることになります）
- They have reached a **critical** moment in their relationship.
（彼らはお互いの関係の決定的な岐路に立たされている）

## significant

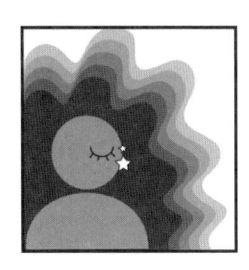

この単語のイメージは**有意味**。full of meaning ということです。たとえば a significant wink といえば、意味深長なウインクのこと。

**今後の事態の成り行き、プロセスに意味をもつ**（＝大きな影響: important effectを与える）という意味での重要性です。

- I'll let you know immediately if there are any **significant** changes in the schedule.
（もし重要な変更がスケジュールにあればお知らせします）

今後への影響が示唆されていますね。

# big

「大きい」が「重要」に広がるのは当然の成り行きですね。

- Think carefully — it's a **big** decision, you know.
(キチンと考えろ。この決定は大きいよ)

**big shot, big name**（大物・重要人物）といった言い回しも思い出しましょう。「大＝重要」はかなり強固なつながりなのです。これで説明を終わってもナンですから、2つだけフレーズを紹介しますね。

### ■ make a big deal (out) of
たいしたことがないのに、さも重大なことが起こったように振る舞うこと。

- He only lost 10 dollars but he **made** such **a big deal of it**.
(10ドルなくしただけなのに、エライ大騒ぎ)

### ■ be / get too big for one's boots
思い上がる。自分は偉いんだ優れてるんだ重要人物なんだぁぁぁぁってこと。

- Ken is **getting too big for his boots** — it's time he was brought down a peg or two.
(ケンは思い上がってるよな。思い知らせてやらなきゃ)

➡ おおきい

判断のフィールド

① unimportant ② minor ③ worthless ④ trivial
⑤ insignificant ⑥ irrelevant ⑦ not a big deal ⑧ small

「重要ではない」グループです。

## unimportant

重みはまったくありません。**気にする必要などありません**。

- The cost is **unimportant** — I want the best on the market.
  （金は問題じゃない。一番いいのが欲しいんだ）

## minor

major の逆。やはり常に比較が念頭にあります。**「より大きい（major）」ものが意識されています。**

- He suffered **minor** injuries in the crash.
  （事故をしたが軽傷ですんだ）

- We have a few **minor** differences of opinion, but, overall, we are in agreement.
(細かな意見のちがいはあるが、全体として合意に達している)

## worthless

-less は「ない」という意味の語尾でしたね。イギリスのクリケットチームが負けたとき、翌日の新聞にはデカデカと

# SPINELESS!!!

とありました。背骨がないってことです。
…というわけでこの worthless、もちろん worth（価値）がないってこと。

- I find John **worthless** as a team member.
（ジョンはチームにいなくていいと思う）

## trivial

ラテン語の「交差点（crossroad）」「広場（public square）」から。この単語の意味「**取るに足らない**」とは一見無関係に見えるかもしれませんが、さにあらず。交差点や広場では、何気ない話が——つまりあまり重要・深刻でない話が——交わされるからですよ。

- Don't bother me with such **trivial** matters.

判断のフィールド

（くだらない問題で邪魔するな）

- What seems **trivial** to you might be really important to your daughter.
（君には些細に見えることが、娘さんにはすごく大切なことだってあるのかもしれないよ）

## insignificant

気にすることなんてないさ。**意味なんてない**だから。

- I know it's not identical but surely the difference is **insignificant**.
（もちろんピッタリとは言えないけど、ちがいは気にする必要がないほどのものだ）
- When I see starving people in Africa, I realize how **insignificant** my own problems are.
（アフリカで飢えている人々を見ると、私の問題なんてなんてちっぽけだろうと思うよ）

## irrelevant

**無関係**ってこと。ここから「重要ではない」につながります。

- But my sexual orientation is totally **irrelevant** to my ability to do the job.
（でも僕の性的嗜好は仕事の能力とまったく無関係でしょう？）
- This point is **irrelevant** to your topic.
（このポイントは君の話題に何の関わりもないね）

# not a (no) big deal

**たいしたことない**。あまり重要じゃないを示すくだけた言い方。聞いたことありますね？

この表現ののおもしろいところは、**「重要だ」と思っていても使うことがある**ってこと。よくいるでしょ、やせ我慢する人。彼女にふられて、仕事をクビになって、アパートが火事で燃えちゃっても「**たいしたことねーよ**」。実は私もこのタイプ。人生はつらい。

- Hey, don't worry about it — it's **not a big deal**.
  （気にすんなよ。たいしたことじゃないさ）
- I didn't get the job but it's **no big deal**. There are plenty of other offers.
  （仕事にありつけなかったけどたいしたことないさ。他にもたくさんあるからね）

# small

「小さい」から「重要ではない・つまらない」は、かなり一般的な流れです。ここでは small を使って、いくつかのフレーズを紹介しましょう。

## ■ make ... feel small

- My science teacher always ridiculed me in front of the class and **made** me **feel** so **small**.

(科学の教師はいつもクラスの前で私を馬鹿にして、肩身の狭い思いをさせる)

「小さな、取るに足らない人間だと思わせる、気後れさせる」ということ。一言で言えば belittle。小ささの感覚が生きていることがわかりますね。

## ■ small fry

文字通りには「小魚」。取るに足らないってこと。

- The police never catch the big boys, only the **small fry**.
  (警察は大物は捕まえない。いつも雑魚ばっかり)

## ■ small talk

本題に入る前のウォームアップ的世間話。ビジネスでは重要なテクニックです。挨拶した途端「さて、今日の議題は...」なんて始めたら、ビックリですから。

- In business it's common to make **small talk** before getting down to more serious matters.
  (ビジネスでは、本題に入る前に世間話をするのが普通ですよ)

➡ ちいさい

善

①**good** ②**nice** ③**decent** ④**moral** ⑤**virtuous** ⑥**upright**

ほーたーるのーひーかーぁり。

さて、みなさんともいよいよお別れのときが来ました。最後のグループは「善・悪」。道徳的・非道徳的と言ってもいいでしょう。

## good

良い。**非常に広い範囲の好ましさ**をあらわす単語。道徳的な良さに限っても「誠実」「利己的ではない」「親切」などなど、あらゆる良い資質をあらわします。

- He's a **good** man, and he'll make a good husband.
 (彼はいいヤツだよ。いい夫になるだろうな)
- That was a **good** thing you did back there.
 (君のやったことはまちがってなかったさ)

判断のフィールド

## nice

That was a nice place.

親しみを感じる (**friendly**)、親切、魅力的 (**attractive**) など、さまざまな**肯定的資質**をあらわすこの nice、次のような使い方もあります。

• **Nice** people wouldn't do that!

ちょっと古い言い方ですが「高い道徳的基準をもった (respectable)」ということ。人前でゲップをした友達に爺さんの物まねで言ってあげると面白いかもしれません。

nice に関しては月並みですが1つ注意を差し上げましょう。この単語は非常に頻繁に使われる上、非常に広く「良い資質」をあらわします。逆に言えば、まったく目を引く表現ではありませんし、また**何がいいのかも漠然としすぎている**ということになるのです。

• The food in that new restaurant is **nice**.

これでそのレストランに行きたくなる人がいるでしょうか。キチッと表現したいとき、文章を書くときには使いたくない単語の1つなのです。

## decent

**acceptable**(受け入れることができる)に近い語感をもっています。善良で公正、親切 (**good, kind-hearted, fair**)。ですが「すごいなぁ」などと感心を誘うほど飛び抜けて高いレベルにあるわけではありません。**まとも**、その程度のことなのです。

- They are **decent**, hard-working folks.
  （彼らはまともな、勤勉な人たちです）
- To give back the money was the **decent** thing to do.
  （お金を返すのは当たり前のことだ）

## moral

世間で認められている善悪の基準にキチッと従う。**道徳的。**

- He is a very **moral** man.
  （たいへん道徳的な人だ）
- She is a person of the highest **moral** standards.
  （高い道徳心をもっている）

## virtuous

**非常に誠実で道徳的**（extremely moral）。すごーくいいイメージをもつ**カタい印象**の単語。

- The vicar's wife is a highly respected, **virtuous** lady.
  （その牧師の奥さんはとても評判のいい美徳の人だ）

落とし穴があるんですよ、この単語。「自分の善行を鼻にかけやがって」という含みで使われることもあるんです。do-gooder と近

判断のフィールド

い意味になってしまうんです。いいイメージの単語がそれだけで終わらないのが言葉のおもしろいところですね。

## upright

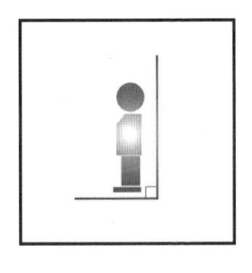

**直立。背筋を伸ばした。** この姿勢がすべてを物語るでしょう。誠実で法を順守、そうした性質とそれを誇りとする気概。すてき。

- Martin is a fine, **upright** young man — a real credit to his family.
（マーチンは背筋がすっと伸びたすばらしい若者だ。家族の誉れだよ）

悪

① **bad** ② **immoral** ③ **wicked** ④ **evil** ⑤ **malicious** ⑥ **corrupt** ⑦ **perverted**

まーどーのゆぅきー。

# bad

悪い。good の反対語。以上。

- I don't like you associating with that group — they're **bad** people.
  (あいつらとつきあうのは感心しないな。悪い奴らだよ)
- Stealing is **bad**.
  (盗みは悪いことだ)

# immoral

**moral** の逆。**背徳**。道徳的規範に反しています。

- We believe that war is **immoral** — end of story.

> 判断のフィールド

(戦争は人の道にはずれています。以上)

- Consorting with prostitutes is **immoral**.
  (売春婦とつき合ったりするのはほめられたことじゃない)

\*\*\*\*\*\*\*\*\*\*\*\*\*\*\*\*\*\*\*\*\*\*\*\*\*\*\*\*\*\*\*\*\*\*\*\*\*\*\*\*\*\*\*\*\*\*\*\*\*\*\*\*\*\*\*\*\*\*

### ■ amoral

immoral と区別してください。amoral は人専門。**善悪の見境がまったくない人**を指します。虫みたいです。

- I think child molesters and serial killers are not **immoral**, they are **amoral**.
  (幼児虐待者や連続殺人犯は immoral ではなく amoral だ)

\*\*\*\*\*\*\*\*\*\*\*\*\*\*\*\*\*\*\*\*\*\*\*\*\*\*\*\*\*\*\*\*\*\*\*\*\*\*\*\*\*\*\*\*\*\*\*\*\*\*\*\*\*\*\*\*\*\*

## wicked

やはり反道徳的。**シンデレラのお姉さんたちや魔女**(サリーちゃんはちがいます)を想像してみるといいでしょう。**意図的・計画的** (deliberately & premeditatedly) **に人を苦しめようとします**。

- Be careful — he's got that **wicked** look in his eyes!
  (気をつけろよ。あいつ、根性悪そうな目つきしてるぜ)

しかし日常的には、それほどシリアスな意味合いで使われてはいません。mischievous (いたずらな)に近い感触で使われています。しかも——おもしろいことに——最近のイギリス口語では excellent の意味で使われることも多いんですよ。

- That was a **wicked** party last night!
  (すげーパーティだったな、昨日は)

まぁこうした意味の変遷はあまり珍しいことではないのかもしれません。たとえば nice は大昔「愚か」という意味だったんですから。

## evil

**邪悪。** 非常にシリアスに wicked です。**冷酷な悪行を行う力**を感じます。人を傷つけるのが楽しくて仕方がないのです。devil（悪魔）とは起源が異なりますが、**evil spirits**（悪霊）、**the Evil One**（サタン）など、evil には人を傷つける悪魔の力が感じられています。

- His **evil** torturers showed no mercy.
（冷酷な拷問者は一片の慈悲も示さなかった）

## malicious

ラテン語の malus（= bad）から。**人を傷つけるのが目的**です。malicious gossip/rumours（悪意のゴシップ・噂）を見れば、どんな質感の単語であるかがわかるでしょう。

- She was devastated by their **malicious** comments.

（彼らの悪意のこもったコメントで打ちのめされた）

**判断のフィールド**

## corrupt

あるべき道徳的規範から、バリッと離れてしまっています。典型的に使われるのは、**地位を利用して私腹を肥やす**場合。

- There are far too many **corrupt** politicians.
（あまりに多くの腐った政治家がいる）
- What chance have we got when even the police are **corrupt**?
（警官でさえ腐ってるならどうすりゃいいってんだ）

## perverted

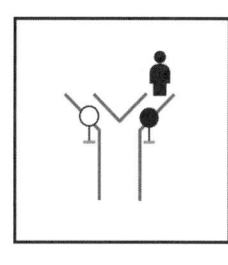

**逸脱**がイメージ。あるべき道徳規範から逸れています。単にimmoralであるだけではありません。**不自然にねじけているのです**（**twisted & unnatural**）。特に性的な傾向を指すことが多くあります。その場合は...まぁ**変態**ということですな。

- Let's face it, all paedophiles are **perverted**.
（いいかい。幼児虐待者はぜーんぶ変態だよ）
- "Do you really think transvestites are **perverted**?" "Er . . . yes."
（「服装倒錯者［おじさんなのに女の子の格好をする人］は変態だと思っているのかい？」）

# あとがき

　形容詞だけの本を出す、思えばずいぶん乱暴な話です。巷ではどの本も「読めばすぐに英語が得意になれます」「英語なんてすごく簡単」なんて言っているこのご時世で、形容詞だけの本。

　ですが私たちにとって、この本は出さねばならない本でした。ネイティブの感覚領域に深く踏み込まざるを得ない品詞——形容詞——を、何とか学習可能なものに。感覚を英語学習の中心に据える私たちにとって、それは越えておかねばならぬハードルであったからです。

　私とクリスはいまさら言うまでもなく長年のチームですが、この本に関しては研究社編集部の杉本義則氏もまちがいなくチームの一員でした。出所不明の「学習法」を書き殴った書籍が横行する中で、このような地味な実力主義の企画が日の目を見ることができたのもひとえに杉本氏の熱意の賜であることをここに記しておきます。

大西泰斗

# INDEX

## A
- absorbing 147
- acid 83
- acrid 65, 204
- acrimonious 205
- adjacent 48
- alike 220
- all 26
- ambiguous 144
- amoral 273
- ancient 254
- antiquated 253
- antique 252
- appetizing 68
- archaic 253
- arid 116
- aroma 69
- aromatic 66
- articulate 191
- as dry as a bone 116
- as dry as dust 116
- as light as feather 98
- attractive 157

## B
- bad 272
- balmy 110
- banal 152
- basic 179
- beautiful 154
- big 16, 262
- biting 205
- bitter 81
- bland 79, 151
- blunt 215
- boisterous 56
- bone-dry 116
- boring 150
- bouquet 70
- brand-new 247
- bright 5, 127
- brilliant 6, 127
- broad 35

## C
- challenging 238
- cheeky 212
- chilly 112
- chunky 42
- civil 209
- clear 139
- clever 128
- close 44
- coarse 106, 169
- cold 111
- communicative 193
- compact 25
- comparable 221
- complex 184
- complicated 184
- convenient 47
- convoluted 185
- cool 112
- corrupt 275
- courteous 208
- cramped 37
- crisp 114
- critical 261
- crucial 260
- crude 168
- cumbersome 100
- cute 158
- cutting 206

## D
- damp 121
- dangerous 230
- dark 11, 142
- daunting 236
- decent 269
- dehydrated 117
- delicious 74
- demanding 239
- dense 135
- detailed 187
- different 223

- difficult 234
- dim 12, 134
- diplomatic 211
- distant 50
- distinct 224
- distinctive 225
- dramatic 173
- drenched 119
- dried 117
- dry 115
- dull 12, 133, 152
- dumb 135
- dwarf 33

# E

- easy 242
- effortless 245
- elaborate 187
- elastic 87
- elementary 180
- elevated 29
- eloquent 192
- enigmatic 145
- enormous 18
- equivalent 221
- evident 141
- evil 274
- exacting 240

# F

- facile 246
- far 49
- fat 42
- firm 93
- flamboyant 173
- flashy 173
- flexible 88, 244
- floppy 91
- fluent 191
- fragrance 70
- fragrant 67
- freezing 112
- fresh 67, 250
- frosty 113
- fundamental 180

# G

- gigantic 19
- glaring 9
- glittering 8
- gloomy 14
- glossy 103
- good 268
- gorgeous 158
- gracious 210
- great 17

# H

- handsome 155
- handy 47
- hard 92, 235, 200
- harmless 228
- harsh 202
- hazardous 231
- heady 68
- heavy 99, 238
- hefty 100
- hideous 163
- high 27
- hot 108
- huge 18
- humid 121

# I

- identical 219
- immoral 272
- impertinent 214
- impolite 212
- important 256
- impudent 213
- indistinguishable 219
- innovative 249
- insignificant 265
- insipid 79, 151
- insolent 214
- intelligent 126
- interesting 146
- intricate 186
- intriguing 148
- introverted 177
- invaluable 259
- irrelevant 265
- isolated 51

# J

- jagged 106
- juicy 149

# K

- key 258

# L

- lanky 30
- large 15

- lax 199
- lean 40
- lenient 199
- light 4, 97
- lightweight 98
- like an oven 109
- limp 90
- little 23
- local 46
- loud 54
- lovely 155
- low 31
- lucid 140
- lukewarm 110
- luminous 7
- luscious 75

## M

- major 257
- malicious 274
- malleable 89
- massive 19
- miniature 25
- minor 263
- minute 24
- modest 175
- moist 121
- moral 270
- muggy 122
- murky 13
- musty 63
- mysterious 145

## N

- naive 137
- narrow 35
- nauseating 64
- near 43
- neighbouring 46
- new 247
- nice 269
- nippy 113
- noiseless 58
- noisy 55
- not a (no) big deal 266
- novel 248

## O

- obnoxious 171
- obscure 143
- obsolete 254
- obvious 141
- odour 69
- off the beaten track 52
- old 251
- original 249
- ostentatious 172

## P

- palatable 77
- parched 116
- peaceful 229
- perfumed 67
- perilous 232
- perverted 275
- petite 32
- plain 161, 181
- pliable 89, 245
- poisonous 233
- polite 207
- pretentious 174
- pretty 156
- prickly 107, 237
- pungent 64, 205

## Q

- quiet 58, 195

## R

- radiant 6
- refined 165
- remote 50
- reserved 176, 196
- respectful 210
- retarded 137
- reticent 195
- rigid 95, 203
- risky 231
- riveting 147
- rough 105, 167, 236
- rowdy 55
- rude 170

## S

- safe 227
- same 218
- sarcastic 206
- scent 70
- scrawny 40
- scrumptious 76
- secluded 51
- second-hand 252

- ☐ secure  228
- ☐ separate  225
- ☐ shining  7
- ☐ shiny  7
- ☐ short  31
- ☐ shy  176
- ☐ significant  261
- ☐ silent  57, 194
- ☐ silky  103
- ☐ similar  220
- ☐ simple  136, 178, 243
- ☐ skeletal  40
- ☐ skinny  39
- ☐ sleek  101
- ☐ slender  39
- ☐ slick  102, 166
- ☐ slim  39
- ☐ small  22, 266
- ☐ smart  129
- ☐ smell  69
- ☐ smelly  62
- ☐ smooth  101, 164, 243
- ☐ soaked  119
- ☐ sodden  120
- ☐ soft  86, 198, 244
- ☐ soggy  120
- ☐ solid  94
- ☐ sour  82
- ☐ sparkling  9
- ☐ spicy  148
- ☐ spongy  90
- ☐ springy  89
- ☐ squat  32
- ☐ stale  63
- ☐ stench  71
- ☐ stern  202
- ☐ stiff  95
- ☐ still  59
- ☐ stink  71
- ☐ stinking  63
- ☐ stinky  63
- ☐ stocky  32
- ☐ straight  182
- ☐ straightforward  181, 216
- ☐ strict  201
- ☐ stupid  132
- ☐ suave  165
- ☐ succulent  75
- ☐ supple  88

**T**

- ☐ tactful  211
- ☐ tactless  215
- ☐ talkative  190
- ☐ tart  82
- ☐ tasteless  78
- ☐ tasty  74, 148
- ☐ taxing  239
- ☐ tender  87
- ☐ thick  41, 135
- ☐ thin  38
- ☐ thorny  107, 237
- ☐ timid  177
- ☐ tiny  24
- ☐ tolerant  197
- ☐ tough  93, 201, 235
- ☐ towering  28
- ☐ toxic  233
- ☐ treacherous  232
- ☐ trivial  264
- ☐ twinkling  9

**U**

- ☐ ugly  160
- ☐ unappetizing  80
- ☐ unattractive  162
- ☐ uncommunicative  196
- ☐ uneven  107
- ☐ unimportant  263
- ☐ unintelligent  134
- ☐ unique  224
- ☐ unpalatable  79
- ☐ unsightly  162
- ☐ unsophisticated  182
- ☐ upright  271
- ☐ used  252

**V**

- ☐ vague  144
- ☐ valuable  259
- ☐ vast  19
- ☐ velvety  103
- ☐ virtuous  270
- ☐ vital  258
- ☐ vocal  192
- ☐ vulgar  170

**W**

- ☐ warm  109

☐ wet  118
☐ wicked  273
☐ wide  34

☐ wiry  41
☐ wise  130
☐ worthless  264

**Y**
☐ yucky  80
☐ yummy  76

**KENKYUSHA**

〈検印省略〉

## ネイティブスピーカーの単語力
### 3. 形容詞の感覚

| | |
|---|---|
| 2003年7月15日 初版発行 | 2016年8月26日 17刷発行 |

著　者　　ポール・マクベイ
　　　　　大西泰斗
発行者　　関戸雅男
印刷所　　研究社印刷株式会社

発行所　株式会社　研究社
http://www.kenkyusha.co.jp

〒102-8152
東京都千代田区富士見2-11-3
電話（編集）03(3288)7711（代）
　　（営業）03(3288)7777（代）
振替　00150-9-26710

表紙デザイン：小島良雄 / 本文イラスト：大西泰斗

© Paul Chris McVay & Hiroto Onishi, 2003

ISBN978-4-327-45143-1　C1082　　Printed in Japan